JULES JANIN

ŒUVRES DIVERSES PUBLIÉES SOUS LA DIRECTION

DE M. A. DE LA FIZELIÈRE

CRITIQUE

DRAMATIQUE

TOME TROISIÈME

LE DRAME

PARIS
LIBRAIRIE DES BIBLIOPHILES
Rue Saint-Honoré, 338

M DCCC LXVII

ŒUVRES DIVERSES DE JULES JANIN

PUBLIÉES SOUS LA DIRECTION

DE M. ALBERT DE LA FIZELIÈRE

VIII

CRITIQUE DRAMATIQUE

III — LE DRAME

Il a été fait un tirage d'amateurs, ainsi composé

300 exemplaires sur papier de Hollande (N°s 51 à 350).
 25   —   sur papier de Chine (N°s 1 à 25).
 25   —   sur papier Whatman (N°s 26 à 50).

350 exemplaires, numérotés au tome Ier de la collection.

Tous les exemplaires de ce tirage sont ornés d'une GRAVURE A L'EAU-FORTE DE M. ED. HÉDOUIN.

MADAME DORVAL
dans Chatterton.

JULES JANIN

CRITIQUE
DRAMATIQUE

TOME TROISIÈME

LE DRAME

PARIS
LIBRAIRIE DES BIBLIOPHILES
Rue Saint-Honoré, 338

M DCCC LXXVII

LE DRAME

LE DRAME MODERNE

Sur la foi des plagiaires, en lisant la copie et l'arrangement des copistes, race abjecte et manchote, certaines gens ont décidé que la littérature moderne était une œuvre perverse, ingrate, absurde et damnable au premier chef. Même on a vu des congrès (le congrès scientifique de Poitiers... de Poitiers !) excommunier positivement le drame moderne. A ces foudres parties du Vatican littéraire de Poitiers la littérature du XIXe siècle a vaillamment résisté ; elle a prouvé par ses œuvres mêmes qu'elle n'était pas la complice des excès du théâtre étranger, pas plus qu'elle n'était la suite et la conséquence de la vieille tragédie à l'usage des lieutenants et des duchesses de l'empire! Ainsi elle a porté haut et ferme le drapeau qu'elle s'était choisi, proclamant énergiquement qu'elle voulait vivre et qu'elle vivrait de sa propre vie et du génie qui lui était propre. « *Italia farà da se.* » Telle a été la résistance de la littérature moderne. Elle a bien fait de combattre ainsi pour ses lois, pour ses conquêtes, pour le présent, pour l'avenir; elle a bien fait : elle sauvait par sa résistance la liberté même de son génie, et les regrets qui étaient dus à son zèle, à son courage, à son travail; elle sauvait le respect même qui se doit aux œuvres de l'intelligence et aux productions les plus sérieuses de l'esprit humain.

Ils ont beau déclamer, les déclamateurs, contre les horreurs du drame moderne, ils ne feront jamais que la tragédie antique, elle aussi, n'ait pas ses *horreurs* : *Britannicus, Rodogune, La Thébaïde, Zaïre, Mahomet, Phèdre* enfin, autant d'horreurs bien conditionnées ! Est-ce que le drame moderne a jamais poussé l'horreur plus loin que l'auteur de *Rhadamiste ?* Est-ce que pendant vingt ans que M. Victor Hugo a régné sur la scène, vingt belles et poétiques années que le XIXe siècle ne reverra pas, on s'est ressenti de cette *démoralisation,* de cette *horreur* et de cette immoralité tant proclamées par les sages esprits? Prenez garde! en littérature même il y a des hypocrites, il y a des charlatans, il y a des menteurs, il y a des bandits: Tartufe est homme de lettres; Yago est journaliste: Laurent est un critique. Prenez garde! il y a des vieillards et des obstinés de tout âge qui s'abandonnent volontiers aux choses convenues depuis leur enfance, et depuis longtemps acceptées; ils ont été élevés en pleine admiration des anciens, ils restent fidèles à leur culte. Eh bien, n'obéissons pas plus qu'il n'y faut obéir à cette hypocrisie littéraire, et défendons jusqu'à la fin les vrais poëtes, justement parce qu'ils réunissent sur leur tête divine la double auréole et le double enchantement : poésie et jeunesse, audace et liberté!

Au temps même où florissait le théâtre athénien (ceci est écrit dans les livres de Valère-Maxime), il y eut un jour où les *esprits sages* interpellèrent Euripide lui-même afin qu'il eût à retrancher immédiatement une scène *immorale* de son *Bellérophon*. Alors Euripide (il était aussi, lui, un poëte immoral, odieux, rebelle à la rhétorique, révolutionnaire, impie et plein de licences, insupportable enfin, quand il était jeune): « Athéniens, dit-il, à Dieu ne plaise que je sois là pour obéir à vos caprices; au contraire, c'est vous qui êtes ici pour m'obéir et pour m'écouter ; donc, je ne retrancherai pas un mot de ma pièce ; attendez cependant que l'heure arrive où je saurai châtier ce Bellérophon. »

Euripide, en ce moment, était dans son droit, et le poëte, en effet, est absolument dans son droit tant que lui-même il respecte ce qu'il faut respecter ; sinon il s'expose à des châtiments sans pitié, témoin le jour où ce même Euripide se mit à nier Jupiter : « O Jupiter... ou quiconque a porté ce nom, car je ne te connais que par ouï-dire... » Aussitôt, dit Plutarque, une immense clameur s'éleva dans tout le peuple, et séance tenante il fallut que le poëte refît son vers : « O Jupiter, et je sais que c'est vraiment ton nom... »

Ah ! ces anciens, même en proclamant les poëtes nouveaux, nous y revenons toujours. Pourtant quelle distance et quel abîme les sépare des poëtes modernes, même à nombre égal ! Chez eux tout est simple, et chez nous tout se complique et se perd en mille agencements à l'infini. Ils ignoraient tant de choses, ces gens heureux, que nous sommes forcés d'apprendre ! et pendant que nous apprenons ces sciences misérables, le temps que nous perdons en mille choses stériles, ils le dépensaient à deviner, à comprendre par quels moyens ils deviendraient de grands artistes. Avec la rhétorique et la philosophie uniquement on faisait un savant athénien, bon à tout faire, habile à tout comprendre, homme d'État, poëte et soldat! Leur histoire, elle tenait dans un seul tome; ils n'avaient qu'un seul monde à connaître, et dans ce monde connu une seule parcelle était digne de leur intérêt; la fable était toute leur généalogie, et quand la terre manquait à leurs aïeux, ils étaient sûrs de les retrouver au milieu de l'Olympe! Que si vous voulez avoir une idée assez juste du lien puissant qui unissait le poëte au philpsophe, ouvrez Homère, ouvrez Platon. Les anciens eux-mêmes appelaient Platon *le poëte des philosophes.*

« A juger de son style, disait Cicéron, par la rapidité de ce flot limpide et par les clartés dont il est rempli, Platon est un poëte en prose. » Avec autant de raison il pouvait appeler Homère « un philosophe en vers ». L'un et l'autre, en effet, ils enseignent les mêmes vérités, ils professent la même doctrine, ils croient aux mêmes dieux, ils honorent la même patrie, ils obéissent aux mêmes lois, ils imposent à leurs disciples les mêmes devoirs. Tout le *Phédon* se retrouverait, au besoin, dans le vingt-troisième livre de l'*Iliade*, où l'âme de Patrocle apparaît au fils de Pélée, invoquant de sa piété souveraine les honneurs de la sépulture.

L'un et l'autre, Homère et Platon, ils savent

que l'homme est de glace aux vérités, « qu'il est tout feu pour le mensonge », et le philosophe, aussi bien que le poëte, a recours à la fiction, à l'allégorie, au dialogue, à la comédie, au drame, à la peinture animée de la vie humaine. De même que le père de l'*Iliade* a pour ses coopérateurs et ses interprètes Achille, Ajax, Agamemnon, Ulysse et Nestor, l'auteur du *Phédon* appelle à son aide Alcibiade, Agathon, Timée et Socrate. Dans ses livres de philosophie on les voit, on les touche, on les entend comme dans une comédie ou dans un drame; on les suit à la promenade, aux fêtes publiques, à table, en prison; on les voit vivre, on les voit mourir!

La vie et l'action, voilà les caractères du poëme de celui-ci, de l'enseignement de celui-là, si bien qu'on a pu dire en toute justice qu'Homère était le plus dramatique de tous les poëtes, en comptant les poëtes tragiques, nourris des reliefs d'Homère; que Platon était le plus dramatique des philosophes.

Véritablement Homère est le Sophocle des grands capitaines qui vont à la gloire à travers tous les périls de la bataille; Platon est l'Euripide en prose des honnêtes gens qui cherchent la vérité à travers le double enchantement de l'éloquence et de la vertu.

Et quels plus merveilleux conteurs que ces deux maîtres de l'antiquité grecque : Homère et Platon ! L'image et le charme obéissent également à ces deux enchanteurs. Les dieux d'Homère ont des ailes ; « l'âme est un feu ailé », dit Platon. Homère a fait l'image de la Chimère, et Platon a fait l'image de l'homme... ils sont quittes. Homère a dit à Platon le nom des trois juges suprêmes, Minos, Æaque et Rhadamante ; à son tour, Platon explique aux disciples d'Homère : « Il plut à Jupiter, afin que les arrêts des juges suprêmes fussent sans appel, de faire juger les morts par des morts. Et c'est pourquoi les fils de Jupiter, ses fils bien-aimés, Minos, Æaque et Rhadamante, chargés de cette grande judicature, ne l'exercèrent que lorsque eux-mêmes ils furent descendus à leur tour dans l'empire des morts. »

Écoutez Homère, il vous dira que les prières « sont filles de l'indigence et de Jupiter ». Écoutez Platon, il va vous raconter la fête de l'Olympe le jour où naquit Vénus. « Tous les dieux étaient réunis, et même le dieu des richesses. La Pauvreté, humble et timide, attendait que les dieux se fussent levés de table, pour manger leurs restes. Or il arriva que Plutus, ayant trop bu de nectar (le vin des immortels), fut se coucher dans l'ombre, au jardin. « O la belle occasion, se dit la Pauvreté,

« pour engendrer un fils qui soit l'enfant d'un dieu ! » Véritablement, à la faveur de cette nuit bienfaisante, elle devient la mère de l'Amour, fils de la Pauvreté et de Plutus. Ainsi l'Amour fut conçu le jour même où Vénus vint au monde, et c'est pourquoi l'enfant s'attacha à la déesse, enchantée de sa beauté. »

Véritablement Platon est un poëte dramatique, lorsqu'il veut s'en donner la peine, et vous ne trouverez pas, dans un seul de ces fameux *prologues* dont se glorifie l'école moderne, un prologue à ce point naïf, élégant et gracieux. Il a le sens poétique au suprême degré, ce grand Platon, et même, quand il écrit la constitution de sa république, il est un poëte :

« La Nécessité (c'est le prologue) a trois filles, les trois Parques ; elles tournent, en guise de fuseau, l'essieu même du monde. Elles sont vêtues de blanc, elles ont pour siége un trône et pour coiffure une couronne. Pendant qu'elles sont à l'œuvre, une sirène chante ; les Parques répondent à sa voix, et toutes ces voix différentes composent un seul et même concert. »

Qu'en dites-vous ? La *fantaisie* elle-même (un dieu nouveau) a-t-elle rien trouvé de plus charmant ? O le grand poëte dramatique ! Il ne se contente pas de mettre au devant de son drame, la ba-

nalité des faiseurs : « Le théâtre représente, etc... »
Lui-même il dispose son drame, il le prépare, il
l'annonce, il le décore, il le montre aux yeux :

« Mon Dieu, le bel endroit, dit Socrate, et que ce
platane touffu plaît à la vue et la récrée ! En voilà
un autre tout couvert de fleurs qui mêle ses doux
parfums aux murmures de la fontaine chère aux
Muses et au fleuve Achéloüs, pendant que Zéphire
mêle son souffle divin au chant harmonieux des
cigales. Lieu charmant ! Une pente douce et revê-
tue de gazon nous invite au repos... Vraiment, ami,
vous ne pouviez pas rencontrer un endroit plus
délicieux. »

Vous voyez donc que chez les anciens le drame
était partout, limpide comme le ciel athénien, abon-
dant comme l'eau des fontaines. Le théâtre était
tour à tour l'école et la tribune. Eschyle, du haut
de sa chaire éloquente, appela à lui tout un peuple, et récita à ce peuple évoqué ses élégies des
anciens âges.

Or voilà pourquoi, malgré tout ce passé glorieux, le drame antique, un instant remis en
grand honneur dans le royaume de Louis XIV,
à force de génie, et parce que les poëtes nouveaux
avaient imaginé d'introduire au beau milieu
d'Euripide et de Sophocle les amours mêmes et les
élégances chères au jeune monarque, ne pouvait

pas durer plus longtemps que le grand siècle qui le vit naître !

Voltaire en vain tenta de rajeunir la tragédie en lui prêtant ses haines, ses amours et ses passions, qui étaient les haines mêmes et les passions de son siècle... Après Voltaire, et même un jour avant sa mort (on avait joué, la veille, *Irène !*), la tragédie était morte, et la volonté même de l'empereur Napoléon, qui pouvait tout... ou presque tout, ne put pas faire vivre un jour l'*Hector* de M. Luce de Lancival. Voltaire, en mourant, avait emporté la vie et l'âme de la vieille nation littéraire; il était véritablement le dernier des Grecs (il l'avait été si peu dans son *Œdipe !*), il était le dernier des Romains (il avait été si peu Romain dans sa *Rome sauvée !*). Il mourut à l'heure où le théâtre, la philosophie et le doute avaient dit leur dernier mot !

Il mourut nous livrant en pâture à l'*Almanach des Muses*, à l'*Almanach des Grâces*, aux petits livres inventés par les frivoles loisirs, jusqu'au jour où du sein des madrigaux, des romances et des idylles, et toute littérature cessante, allaient surgir les tempêtes de Mirabeau, de Camille Desmoulins et de Danton.

En un mot, l'ancienne littérature était morte à l'avénement de M. de Lamartine... une aurore ! et, véritablement, ceux-là qui ne se contenteraient pas du génie et des chefs-d'œuvre contenus dans cet espace fabuleux des grandes poésies et des grandes monarchies, l'*Ode à Duperrier* et les *Méditations poétiques*, ne seraient pas des gens faciles à contenter.

Oui certes, au moment où l'art nouveau allait éclater, il fallait absolument que l'art nouveau se manifestât dans tout ce qu'il avait de vivant, de fort, de poétique et d'original, sinon nous allions retomber dans les ténèbres. M. de Lamartine était nécessaire... M. Victor Hugo était indispensable! L'ancien esprit français, dans sa mesure correcte, sensée, ingénieuse, peu enthousiaste et peu mystique; l'ancien théâtre français, ami de la parole élégante, sérieuse et sonore, ami des héros un peu plus grands que nature, ami des rois semblables aux demi-dieux, n'avaient plus rien à nous apprendre et plus d'émotions à nous donner.

Enfant des époques tranquilles et ordonnées, l'ancien théâtre ne convenait plus guère à ce moment des agitations, des révolutions, des essais et des troubles en toute chose; il fallait absolument que le génie français cherchât une route nouvelle, ou bien, n'en trouvant pas, qu'il suspendît sa vieille lyre aux saules de l'Euphrate : « Là, nous nous sommes arrêtés, et nous avons pleuré, au souvenir de Jérusalem ! »

Donc, pour nous servir d'un mot vulgaire et qui rend toute notre pensée, entre la France nouvelle et la littérature nouvelle, c'était, comme on dit, « à prendre ou à laisser »; et la France nouvelle a bien fait d'accepter tant de nouveautés hardies qui ont été sa joie aux jours heureux, sa consolation dans les temps d'orage, son espérance aux heures désolées, qui resteront sa gloire et sa fortune dans l'avenir. D'où il suit qu'il faut laisser dans leur coin les hypocrites littéraires, qu'il faut laisser crier les bonshommes qui crient au scandale, et qu'à tout prendre, s'il continue ainsi qu'il a commencé, ce XIXe siècle aura mérité d'écrire son nom parmi les époques qui donneront de quoi parler aux siècles à venir !

Qu'il y ait eu, qu'il y ait encore émeute, étonnement, épouvante autour des œuvres nouvelles, on l'avoue. Avez-vous lu ce charmant passage d'une lettre adorable écrite à Bettina d'Arnim par la jeune chanoinesse Caroline de Günderode, une enfant qui devait périr de sa propre main, *à la grande mode romaine*, eût dit Shakespeare : *in the high roman fashion*? Lisez ce passage, et dans sa grâce abandonnée et savante vous aurez une idée assez juste de la littérature de ce temps-ci.

« Je n'ai rien vu, disait Caroline à Bettina, de comparable à votre chambre ; c'est un désordre merveilleux ; on dirait une plage déserte sur laquelle trente vaisseaux ont fait naufrage. Votre *Homère* était tout grand ouvert sur le parquet, et sur la feuille ternie il y avait le serin qui chantait sa petite chanson du printemps. Votre boîte aux couleurs était posée ouverte sur les touches du piano ; la sépia répandait sa poussière au milieu du tapis ! La belle aventure ! un flageolet planté, pour reverdir, dans la caisse de l'oranger, et arrosé par votre Lisbeth tant et si bien que le pauvre instrument est hydropique. Notez que je me suis donné un mal incroyable pour tout remettre en ordre, mais le moyen de régler ce chaos ? Comme la musique se trouvait sous l'oranger, elle a eu sa bonne part des trésors de l'arrosoir de Lisbeth, et il faudrait que le soleil y mît bien de la complaisance pour remettre en leur état primitif ces *noires*, ces *blanches*, ces *dièses* et ces *soupirs*.

« Et le dessous du lit que j'oubliais, ma belle et chère, dans ce capharnaüm des fantaisies. Confusion des confusions ! De cet abîme et de ces profondeurs ignorées, nous avons tiré la Bible, *Charles XII*, le *Docteur Faust*, *Werther*, un gant d'homme très-parfumé, et une feuille manuscrite où roucoulaient des vers français. Ah ! ce gant d'homme! Je saurai bien retrouver son frère de la main droite. Oui, rien qu'à le flairer! Mais ne crains rien, Bettina, j'ai caché ce terrible gant (que t'a jeté le destin), et je l'ai mis en lieu de sûreté... à l'abri de la gravure où notre ami Kranach a gravé la *mort de Lucrèce!* Et qui donc ira chercher ce gage de bataille derrière cette belle main qui tient le poignard?... Exemple à suivre, cette *Lucrèce*, et que l'on suivrait s'il le fallait jamais! »

LA NAISSANCE DU DRAME

EN FRANCE

INFLUENCE DE SHAKESPEARE

Ce n'est pas à dater seulement de l'école moderne que l'imitation de Shakespeare a commencé chez nous. Certainement, dirons-nous ; mais nous soutenons que c'est l'instinct, l'admiration, le sentiment et l'intelligence des jeunes poëtes, des poëtes nouveaux, qui ont donné chez nous à Shakespeare un peu de la vie et de l'honneur qui lui revenaient véritablement. On ne saurait croire, quand on ne l'a pas vu de ses propres yeux et touché de ses mains, de quelle façon les maîtres mosaïstes de la fin du XVIIIe siècle comprenaient l'imitation de Shakespeare ; et, s'il vous plaît, nous remonterons au

11 mars 1784, au théâtre du palais de Versailles, où l'on joue en ce moment une pièce nouvelle de M. de La Harpe, intitulée *Coriolan*. Même il n'y a pas déjà si longtemps que cet étrange *Coriolan* de M. de La Harpe a été remis en honneur au Théâtre-Français, tout glorieux de sa belle découverte.... Un *Coriolan!*

A ce propos, mieux eût valu cent fois nous donner le *Coriolan* de Hardy, avec des chœurs, joué en 1607; ou bien le *Coriolan* de Chapotain, qui est de 1638; ou encore le *Coriolan* de Chevreau, qui est de la même année; ou, ce qui eût été plus étrange, le *Coriolan* de l'abbé Abbeille, représenté en 1676; ou encore le *Coriolan* de Chaligny-Desplanies, de 1722; sans compter le *Coriolan* de Mauger (1748); le *Coriolan* de Richer, de la même année; le *Coriolan* de Gudin (1776). En vérité, il n'y a pas un de ces huit à dix *Coriolans* qui ne fût préférable, pour l'invention, pour la nouveauté, pour le style même, au *Coriolan* de M. de La Harpe; et combien nous avons regretté, à propos de tous ces *Coriolans*, la tragédie de ce Corneille manqué qui se nommait Hardy!

Mais, en fait de *Coriolan*, relisez le drame de Shakespeare : c'est une de ses plus belles et de ses plus grandes compositions. Dans ce drame singulier, touchant et terrible, la Rome antique se révèle à vous tout entière, non pas comme il arrive pour la tragédie de Corneille, sous son aspect solennel de majesté inviolable, mais bien sous son côté spirituel, populaire et railleur. Ce que Corneille devait faire plus tard pour les grands seigneurs de la ville éternelle, pour ces maisons héroïques dont il sait les noms et la généalogie, Shakespeare le faisait à l'avance pour le peuple de Rome, pour le menu peuple, pour cette bête aux mille têtes dont parle Horace, dont le poëte anglais vous répète tous les bons mots et toutes les fureurs. Si Corneille est le peintre le plus sensé de l'héroïsme romain, Shakespeare, en revanche, est le poëte goguenard de l'émeute romaine. Corneille a suivi ses héros sur le champ de bataille, au Forum, au Sénat, dans tous les lieux augustes où s'agitent les destinées du monde; Shakespeare a suivi le peuple, son héros sans nom, au Forum, dans les camps, dans les comices, partout où le veulent conduire ses tribuns et sa turbulence naturelle.

Dans cette histoire romaine, un vrai poëme, qui se compose, jusqu'à ce que tout soit englouti dans l'égoïsme et dans la personnalité sanglante des empereurs, d'une lutte incessante entre les patriciens et le peuple, Corneille a pris parti pour ceux-là, Shakespeare s'est rangé du côté de ceu-xci. Corneille est, pour ainsi dire, le Coriolan insolent et brave, qui aime mieux mourir que de courber la tête devant cette multitude où s'agitent ses destinées ; Corneille est un sénateur, Shakespeare est un tribun : c'est le grand agitateur qui, les bras nus, soulève à son gré le levain populaire ; l'un et l'autre ils ne vivent que sur les hauteurs, celui-ci au Capitole, celui-là sur le mont Aventin.

Mais qu'il faut bien être un homme dépourvu d'imagination, privé de bon sens, mort en effet à toute poésie, insensible à tous les nobles sentiments du cœur, pour laisser de côté le *Coriolan* de Shakespeare, comme l'a fait M. de La Harpe quand il entreprit d'écrire une tragédie sur le même sujet. Véritablement on ne comprend pas comment, dans ce XVIIIe siècle qui a poussé l'anglomanie jusqu'à en faire un des éléments de sa révolution, le plus grand poëte de l'Angleterre, un des plus grands poëtes du monde, ait été nié par tous les poëtes de la France ou prétendus tels. Non, ils ne voulaient pas voir, ils ne voulaient pas entendre, ils ne voulaient pas comprendre tout ce drame qui embrasse le ciel et la terre, les hommes et les anges et les puissances infernales, qui appelle à son aide l'histoire universelle, depuis Antoine et Cléopâtre jusqu'à Macbeth, depuis le roi Lear jusqu'à Falstaff, depuis Caliban jusqu'à la reine Mab. Les plus intelligents eux-mêmes, dans ce siècle des intelligences, ne voulaient pas reconnaître la lumière qui sortait du nuage shakespearien, l'épouvante cachée au fond de ces plaisanteries, les larmes amères que contenaient ces licences et ces sarcasmes.

C'est ainsi que Voltaire faisait d'Othello Orosmane, de Desdémone Zaïre, qu'il déguisait à son profit cette passion africaine et cette passion vénitienne, sauf à appeler plus tard l'auteur d'*Othello* « un barbare ivre » ! — Presque en même temps, M. de La Harpe, après avoir élaboré ces cinq actes incroyables, se défendait à beaux cris d'avoir jamais lu Shakespeare et de lui avoir jamais rien emprunté. Faire un emprunt à ce barbare que reniait Voltaire, lui, M. de La Harpe ! Vous le connaissez bien mal ! Non certes, M. de La Harpe n'a rien emprunté au *Coriolan* de Shakespeare. Il a laissé de côté ce peuple grouillant qui s'agite dans la place publique en demandant du pain et des fêtes !

Cependant prêtez l'oreille : ici commence le drame de Shakespeare. Vous entendez tout d'abord toutes sortes de murmures, le Tibre qui s'agite, et sur ses bords la populace.

Or c'est toujours la même populace, depuis le

commencement des populaces irritées, le même murmure et la même ingratitude contre ceux qui la mènent; c'est toujours le même besoin de remplacer le héros de la veille par le héros du lendemain. Shakespeare la connaît à merveille, cette harengère de carrefour; il sait également ses bons instincts et ses mauvais penchants; il sait comment elle s'enivre tour à tour et tout à la fois de sang, de vin, d'éloquence, de sophismes; comment elle passe de la haine à l'ardeur, de l'adoration à la rage; il aime ces excès populaires, il est à l'aise dans ces révoltes, il marche librement dans ces émeutes; il parle mieux que personne l'argot des révolutions; aussi, pendant que les poëtes dramatiques ses confrères sont toujours embarrassés du peuple dans le drame, le reléguant tant qu'ils peuvent en dehors de l'action et dans la coulisse, où l'on n'entend plus guère que des voix confuses, Shakespeare, au contraire, veut que le peuple joue le rôle principal dans ses tragédies; il le met sur le premier plan de son théâtre, il lui donne à prononcer les plus longs discours; les autres héros viendront après, quand son héros principal, le peuple, aura dit tout ce qu'il avait sur le cœur.

C'est ainsi que dans le *Coriolan* de Shakespeare rien n'est merveilleux à entendre comme ce peuple dans la rue. Avec son intelligence ordinaire, le peuple a déjà compris que, parmi tous ces patriciens qui lui rendent haine pour haine et mépris pour mépris, celui qui le méprise le plus, c'est le jeune Caïus Marcius. Ce Marcius, l'un des héros de Plutarque, compte déjà des aïeux nombreux et respectés. Il descend d'Ancus Marcius, un des rois de Rome ! ce qui est le plus grand titre de noblesse dans cette république qui a juré haine à tous les rois. Orphelin de bonne heure, il a prouvé, grâce à sa misère, que *l'orphelinage* (un beau mot d'Amyot) n'empêche pas un enfant d'être un homme de bien et de vertu excellente. Malheureusement sa colère était impatiente, son obstination était inflexible ; il était de ces hommes hautains qui gâtent toutes les vertus par l'orgueil; intolérables esprits dans une république, où faut-il du moins que l'égalité soit dans les manières, sinon dans les mœurs.

Shakespeare, et c'est là un de ses plus grands mérites, ne flatte jamais ses héros; il ne les voit jamais parfaits, et il les montre tels qu'il les voit. Il a en ceci un air de parenté avec nos vieux tragiques grecs, qui avaient dédaigné d'arranger l'âme humaine d'une certaine façon, quand bien même cet arrangement habile aurait dû produire plus d'effet que la vérité toute nue. Au contraire, en ceci comme en toute chose, l'effet et la toute-puissance sont du côté du naturel, du côté de la vérité. Sans nul doute l'Othello est un rustre, comparé à l'Orosmane. Eh bien, l'Othello, tout noir, tout inculte, qui raconte ses aventures à la belle Vénitienne, comme pourrait faire un matelot nouvellement arrivé de Byzance, l'Othello indompté, fougueux, qui tue à la façon du lion, est plus touchant mille fois et plus aimable que votre Orosmane, bien lavé, blanc et rose, qui parle comme on parle à l'Œil-de-bœuf.

La vérité, et toute la vérité, rien que la vérité, telle est la devise de cette poésie dramatique dont Shakespeare est le héros. Regardez plutôt! pas un de ces grands hommes qui n'ait ses faiblesses, pas une de ces femmes qui n'ait ses caprices. Le bouffon parle souvent comme un philosophe, et le philosophe comme un bouffon. Les plus honnêtes jeunes filles ont des naïvetés qu'envierait Cléopâtre, et Cléopâtre à son tour trouve des paroles d'amour si pures et si charmantes que toute jeune fille en serait fière et jalouse. Shakespeare s'est donc bien gardé de nous montrer le Coriolan que M. de La Harpe a découvert, et de nous le montrer tout d'une pièce. Shakespeare a fait le sien emporté, fougueux, insolent avec les multitudes comme on ne l'est pas d'ordinaire avec un goujat pris de vin. Cet impétueux Coriolan n'est bon qu'à la guerre, où rien ne lui résiste, où il peut combattre tout à l'aise, où il fait porter son insolence et son mépris à l'ennemi qui fuit devant lui. Mais ramenez-le dans Rome, la tête couronnée de chêne, couvert de blessures et de gloire, aussitôt ses mauvais instincts le reprennent : il s'indigne que le peuple soit pour quelque chose dans cette république. Le vieux sang de son aïeul le roi fermente dans les veines du jeune patricien, et, tout haut, malgré lui, il affronte le second pouvoir de l'État.

Ces sortes de défis portés aux multitudes, vous les avez vus, en petit, plus d'une fois, vous autres les gens sages et bien pensants, quand, aux places les plus brillantes d'un théâtre de vaudeville ou de mélodrame, notre jeunesse dorée, après un bon repas, arrive en tumulte au milieu d'une scène, et, sans respect pour l'assistance, fait à haute voix tant d'esprit que la foule en courroux crie : *A la porte, l'insolent!*

L'insolent, bien assis dans sa loge, bien ganté, bien vêtu, regarde le parterre d'un regard dédaigneux, le sourire à la bouche. Voici qu'alors le parterre se lève en tumulte. Que fait l'insolent ? Il jette au parterre son gant ou son adresse, et il appelle le parterre en duel ! Or le parterre ne se bat pas en duel, par la raison toute simple qu'il est le parterre; mais, quand une fois il le veut bien, lui faut-il obéir et lui céder la place, sinon il démolirait la salle de ses mains.

Telle est en grand, mais en très-grand, l'histoire de Coriolan avec ce bon peuple de Rome. Il revenait de la guerre, où il avait gagné son surnom et seize blessures. Dans la mêlée lui étaient apparus Castor et Pollux, deux nobles frères; et à peine de retour, placé comme il était au premier rang du sénat, il retrouvait une multitude avide, exigeante, qui n'avait des yeux et des oreilles que pour ses tribuns. Il jette donc le défi à cette multitude, et il faut voir dans Shakespeare quelle bonne scène, et comme le poëte a tiré parti de ce profond mépris du patricien pour le populaire! A proprement dire, l'histoire de toutes les constitutions du monde, sans oublier la Charte de 1830, commence là.

LA HARPE, DE BELLOY.

D'Eschyle à Shakespeare, et de Shakespeare à M. Victor Hugo, la tragédie et le drame ont marché de révolution en révolution, et l'histoire même de ces diverses révolutions compose toute l'histoire de l'art dramatique.

Ceci revient à dire que tant qu'un grand poëte existe qui, d'un souffle puissant, suffit à ranimer les grandes poussières, vous voyez surgir les chefs-d'œuvre; oui, mais si le poëte manque de souffle et d'inspiration, c'est en vain qu'il aura tenté quelque révolution à son tour : les faits et les héros manquent à son timide appel, et après quelques signes d'une vie impuissante, aussitôt son œuvre chancelle et l'écrase.

« Ossements arides, s'écrie un prophète, obéissez à ma résurrection! » Ce prophète était ou devait être un poëte. Il savait que c'est une tâche suprême de faire revivre le passé, ce passé perdu, anéanti, dans une image immortelle. Un jour fut où ces héros qui sont morts vivaient et combattaient pour la patrie; eh bien, faites que ces héros vivent comme autrefois! Ces villes couchées sous la poudre étaient debout et triomphantes... elles sont tombées avec un fracas épouvantable. O poëte, dis un mot, et ces grandes cités vont renaître! Mais pour accomplir ces miracles de la poésie, il faut avoir vu, des yeux de l'âme et des yeux de l'esprit, les héros et les cités d'autrefois. Corneille a vu l'empereur Auguste, Shakespeare a vu Richard III, M. Victor Hugo a vu Louis XIII et le cardinal de Richelieu. Rome est le héros de Corneille, Paris est le dieu de Molière. Sous ces poésies puissantes vous sentez palpiter l'âme des nations, comme Roméo sent battre le cœur de Juliette sous son linceul. — Le génie est donc une des conditions indispensables à qui veut opérer des révolutions dramatiques, et voilà comment il se fait que tant de *révolutionnaires* qui ont été proclamés, pendant vingt-quatre heures, chefs d'école et inventeurs, retombent, faute de génie, en dépit de toute leur invention, dans la disgrâce et dans la torpeur.

Quels géants autrefois, disparus dans la poussière aujourd'hui! Ah! disait-on, le drame est trouvé; peuples, battez des mains! incline ton front, Postérité!... Huit jours après ce grand triomphe, on cherchait la place où s'élevaient naguère ce grand homme et ce grand monument.

De ces inventions sans puissance et sans force, *telum que imbelle sine ictu*, prenez pour exemples *Mélanie* (encore M. de La Harpe? dites-vous; hélas! oui, encore M. de La Harpe), et *Gabrielle de Vergy*, un drame fameux de M. de Belloy.

« Et l'Europe attend *Mélanie* », avait dit Voltaire à la fin de ce XVIIIe siècle dont il faut parler avec tant de respect. « Nous tenons tout de lui », disait M. Guizot.

Oui, nous lui devons tout, et notre respect même nous doit porter à lui parler librement. Eh bien, le XVIIIe siècle admirait trop facilement beaucoup trop d'ouvrages et de poëtes misérables; il était trop indulgent aux rhéteurs; il ne s'estimait pas à sa juste valeur lorsqu'il « attendait » *Mélanie*, comme s'il n'avait pas eu l'*Esprit des lois*, le livre de l'*Esprit*, l'*Émile*, l'*Histoire naturelle* de Buffon, la *Logique* de Condillac, le *Dictionnaire philosophique*, l'*Encyclopédie* et le *Mariage de Figaro*!

Le XVIIIe siècle « attendait » *Mélanie*, et, qui le croirait? sans le dernier chapitre de *Bélisaire*, ajoute Voltaire, le XVIIIe siècle *était dans la boue!* Ils admiraient donc à outrance cette *révolution* de M. de La Harpe, et ils ne voyaient pas que Mélanie et sa mère procédaient, ô profanation! d'Iphigénie et de Clytemnestre.

Telle est cependant cette *Mélanie* que l'Europe attendait du temps de Voltaire. C'est un misérable pastiche sans style, sans idée et sans esprit; une mesquine concession faite aux exigences de l'époque, par un philosophe obséquieux qui devait se repentir plus tard de ses lâchetés philosophiques, au moment où la philosophie était absolue et triomphante; aussi méprisable dans son repentir, qu'il était ridicule et emphatique dans sa faute.

Les braves gens qui criaient tantôt, à l'exemple de M. Fulchiron, de M. Auguis ou de feu la *Gazette de France*, contre les abominations « du drame moderne », n'ont pas l'air de se douter que le drame moderne a vu le jour à l'ombre même de *Zaïre*, de l'*Orphelin de la Chine*, de la *Métromanie* et du *Menteur*. Si par ce mot, le *drame moderne*, qui suffirait à écorcher la bouche des *classiques*, messieurs les classiques entendent parler de cette émotion à part qui appartient un peu à la comédie, un peu à la tragédie, écrite en vers, écrite en prose, au hasard de l'heure présente... un feu de paille qui flambe et dure... autant qu'un feu de paille, il n'est pas nécessaire d'aller plus loin que M. de La Harpe ou M. de Belloy ! Elle est même assez curieuse, cette histoire de M. de Belloy, et elle peut tenir sa place à côté et non loin de la vie et des œuvres de M. Guilbert de Pixérécourt.

Donc un beau jour (la prime, en ce temps-là, pour une œuvre de théâtre en cinq actes, était l'Académie et la gloire, tout au moins), un ancien comédien que la Russie avait applaudi, de Belloy (c'est un vieil usage de la Russie, et plus d'une fois elle a révélé à la France des œuvres et des comédiens que la France ne connaissait pas), se sentant assez de verve et d'esprit pour faire toute sa vie autant de mauvais vers qu'il en serait besoin, et pour trouver quelques bons vers par hasard, comme cela arrive aux plus mauvais poëtes ; se sentant assez d'imagination et assez peu de respect des chefs-d'œuvre pour tout bouleverser dans la poétique établie, s'en vient chercher fortune au Théâtre-Français, au moment où l'opposition philosophique, c'est-à-dire toute l'opposition de la France, avait fait du Théâtre-Français sa tribune, en attendant l'autre tribune éclatante qui devait naître et grandir dans le Jeu de paume, quelque trente ans plus tard.

Le premier essai de ce nouveau venu, de Belloy qui ne se posait pas encore comme un inventeur, fut timide et peu remarqué. Il avait copié une tragédie lyrique de Métastase, la *Clémence de Titus*, et de ces vers, *bons à chanter*, comme dit Beaumarchais, il avait fait une tragédie.

Or, tout en copiant Métastase, le poëte français n'avait pas remarqué que Métastase lui-même, pour composer son célèbre libretto, *la Clémence de Titus* (trop célèbre comme tout Métastase), avait copié lui-même et accouplé, tant bien que mal, deux chefs-d'œuvre du Théâtre-Français, *Cinna* et *Andromaque* (excusez du peu !); deux héros bien étonnés sans doute de se trouver accouplés l'un à l'autre par un entremetteur italien. De Belloy avait si peu lu Corneille et Racine (c'était déjà la mode chez les poëtes dramatiques de ne plus lire ni Racine ni Corneille) qu'il ne s'aperçut pas qu'il entassait, dans sa tragédie de *Titus*, Hermione, Émilie, Oreste et Cinna. Comme Hermione, la Vitellie de de Belloy veut assassiner Titus, qui ne l'aime pas; mais, au préalable, cette Vitellie n'avait rien montré de cet amour qui justifie Hermione. Comme Cinna, Sextus veut assassiner Titus; seulement ce Sextus n'est pas poussé, comme Cinna, par cette passion si naturelle à tout citoyen romain pour la vieille et sainte république des vieux temps.

Déjà, vous le voyez, de Belloy faisait du drame moderne, mais il en faisait sans le savoir. Il faisait du drame moderne en gâtant à plaisir les plus belles choses, en tirant à lui ces nobles personnages, en puisant à pleines mains dans les grands maîtres, ses héros, ses pensées, ses idées, tout, excepté le style. Bien plus, par une ambition assez naturelle, de Belloy avait compté que la France reconnaîtrait Louis XV dans Titus, et, partant de cette belle donnée, il avait tracé le portrait le plus emphatique de la désolation universelle, à propos d'une maladie de Titus, comme si le parterre allait applaudir à la résurrection de Titus en faveur de la résurrection du roi à Metz.

Mais, hélas ! la France était déjà loin de ses transes de 1744 au sujet de la maladie du roi ; que dis-je ? elle était à bout de son admiration et de ses transports lyriques pour ce Sardanapale hideux. Personne en ce temps-là ne pensait plus à cette maladie, quand vint la tragédie de *Titus*, ni la France ni le roi lui-même ; déjà en France (à qui la faute ?), il n'y avait plus que les maîtresses de Louis XV qui l'appelaient *le Bien-Aimé*.

Le peu de succès de sa première tragédie ne découragea pas de Belloy. Il y a une espèce de métier dramatique qui s'apprend aussi bien, mieux peut-être, à force de chutes qu'à force de succès. Les poëtes dramatiques, les poëtes par métier surtout, braves gens qui ne songent qu'à leur public, ont l'habitude de combiner incessamment, dans leur tête d'abord, en attendant qu'on leur donne un théâtre, toutes sortes d'effets puérils et singuliers, dont ils ne se rendent bien compte qu'au théâtre. Sa tragédie de *Titus* apprit donc à de Belloy la grande ressource des coups de théâtre, de la pantomime, du dialogue coupé, des conspirations sans motifs, des scélérats sans frein, qui sont des scélérats uniquement pour leur plaisir, et des poignards à hauteur de poitrine. L'homme qui tient ce poignard maladroit va pour frapper le héros ou le tyran... il ne frappe que l'air. De

Belloy apprit aussi le grand art d'agiter les comparses au milieu de la tragédie, et d'en faire autant de comédiens aussi terribles que muets. Je vous ai déjà dit que c'était un esprit ingénieux et inventif.

Il revint donc bientôt à la charge, après avoir imprimé et dédié *Titus* à Voltaire, dans une préface où il se plaignait (selon l'usage antique et solennel) de la *cabale* et de la *critique*, en véritable auteur tombé. Sa seconde tragédie était, aussi bien que la première, empruntée à Métastase; elle avait pour titre *Zelmire*. Il avait entassé dans ces cinq actes autant d'imagination qu'on en pouvait voir dans la *Tour de Nesle*, au temps fabuleux où l'on jouait la *Tour de Nesle*. Jugez plutôt : Polydore, roi de Lesbos, détrôné par son fils Azor, est sauvé par sa fille Zelmire, qui le cache dans un tombeau. Azor est assassiné par Anténor, et soudain Polydore, sortant de son tombeau, est pris pour l'assassin d'Azor; en conséquence, le vieillard est condamné à être immolé sur le tombeau d'Azor, de ce fils qui l'a déjà détrôné.

Voilà, j'espère, un beau *drame moderne!* Eh bien, la pièce ne tomba pas, parce que l'admirable parterre de ce temps-là, ce juge si plein de tact et de bon sens qui ne nous sera pas rendu de sitôt, trouva une situation dramatique et un mot touchant dans ces cinq actes. Quand Zelmire, que son mari croit parricide, ramène Polydore, le vieillard qu'elle a sauvé, comme une honnête fille qu'elle est, le mari de Zelmire s'écrie : *Zelmire est innocente !* Et le parterre de pleurer et d'applaudir, sans se rappeler que le mot était de Métastase : *Sposa è innocente !*

Maintenant, préparez votre admiration et votre enthousiasme. Après ses deux premières tragédies, de Belloy, en homme d'esprit qu'il était, comprit fort bien que tant qu'il agirait dans le vieux système, il serait tout au plus un poëte tragique du dernier ordre, et ce fut alors seulement qu'il imagina et qu'il trouva le drame moderne, et même le chef-d'œuvre du drame moderne, le *Siége de Calais*. Quel enthousiasme, on ne le saura jamais, dans la nation française, quand elle vit enfin le bourgeois, ce maître de la comédie, et souvent sa victime, jouer son rôle, et un rôle sérieux, dans un « drame héroïque » ! Notez bien que ce fut là vraiment une heureuse, une grande idée, à laquelle il ne manqua guère qu'un poëte pour la mettre en œuvre.

Il est vrai qu'avant de Belloy, Diderot l'inspiré avait transporté le bourgeois de la comédie en plein drame, et avec tous les honneurs de la guerre. Encore un effort, et le bourgeois allait passer du drame dans la tragédie; mais pour cela il fallait un poëte tragique, il fallait dans le *Siége de Calais*, par exemple, que le bourgeois dominât la scène, et non pas le roi Édouard, qui traite ces braves gens d'*insolents,* mot qui n'était pas français pour eux. Il fallait ôter tout ce que l'auteur a mis de puéril dans cette grande action dramatique; il fallait donner aux six bourgeois de Calais, ces héros qui ne se montrent que pour être insultés et pour mourir, une plus grande place dans cette action si vide, eux absents. Alors, en effet, le retour de ces héros, dévoués à leur patrie, aurait produit un effet durable; au lieu d'un drame, nous aurions eu une tragédie.

Il faut dire cependant que le bourgeois de Paris, qui ne s'était jamais vu une si grande importance au théâtre, dont il était le jouet, fut heureux et fier de se trouver enfin, en plein Théâtre-Français, familièrement mêlé à une action conduite par un roi et par des gentilshommes. Le bourgeois de Paris était encore fort loin de se douter de la longue et intéressante tragédie dans laquelle il allait jouer un si grand rôle, cette tragédie de 1789, à peine commencée depuis cinquante ans que la toile s'est levée, si remplie de passions nobles et brutales, de peripéties sanglantes, de retours imprévus, et dans laquelle le peuple s'est montré non plus, cette fois, la corde au cou devant les rois, mais comme un maître irrité devant lequel les rois eux-mêmes paraissaient, à leur tour, la corde au cou, les mains liées et les pieds nus. Le bourgeois de Paris ne rêvait pas encore de si hautes destinées ; il fut donc très-fier de s'intéresser à une tragédie *pour lui-même,* et il applaudit frénétiquement à cette illustre nouveauté.

De tristes circonstances servirent aussi à faire du *Siége de Calais* une tragédie populaire. En ce temps-là la France, après une guerre de neuf ans, dans les quatre parties du monde, et une guerre malheureuse, venait d'accepter une paix sans gloire. L'opposition au gouvernement, cette opposition lente, continue, intelligente, qui était passée enfin des livres dans les mœurs, en attendant qu'elle passât du théâtre à la tribune, et de la tribune dans l'histoire, n'avait fait que s'augmenter au dedans, à mesure que s'affaiblissait au dehors la terreur de nos armes.

Quelle ne fut donc pas la surprise, la joie et l'étonnement de la cour, quand elle vit le peuple applaudir avec transport une tragédie toute remplie de l'honneur du nom français, et dans laquelle un roi malheureux est adoré, justement parce qu'il est roi et malheureux? — C'était là certes un grand contraste avec la tragédie et l'esprit de Voltaire le niveleur, cette tragédie en boute-feu, grosse de tant de révolutions. Comment donc! parler avec respect des rois de France, et parler avec pitié des rois malheureux; montrer le peuple ami et pressé autour du trône, en plein théâtre, et forcer le public à partager cette poétique sympathie! en vérité, c'était quelque chose d'incroyable et d'inespéré, sous Voltaire! Lui-même, Louis XV, ce sceptique couronné, ce cœur de pierre caché sous un habit de soie et sous cet affable sourire, Louis XV lui-même fut sensible à ce spectacle public d'un roi de France aimé et défendu par ses sujets. Ce dévouement dramatique des six bourgeois de Calais fit éprouver à cet égoïste monarque une émotion inconnue, et peut-être même eût-il pleuré, s'il avait encore eu des larmes dans le cœur.

Il se contenta d'applaudir; la cour applaudit à son exemple; et le public, heureux de se retrouver si bon royaliste au fond de l'âme, proclama de Belloy *le poëte citoyen*. Lui aussi il avait trouvé, disait-on, la *tragédie nationale*. Chaque soir le parterre rappelait l'auteur en grand triomphe, et l'auteur volontiers se montrait à son peuple. En un mot, la foule encombrait dès le matin les portes du Théâtre-Français, comme elle fit pour le *Mariage de Figaro*, mais dans un autre sens et avec d'autres passions.

Enfin, pour que rien ne fût perdu de ce qui pouvait sortir de juste et de bon de ces vers sonores, le peuple fut convié gratis à ce spectacle national; les charbonniers s'y rendirent tambour battant, et Mlle Clairon, qui eût été la dernière grande dame du Théâtre-Français sans Mlle Contat et Mlle Mars, offrit elle-même des rafraîchissements aux dames de la halle, ce nouveau pouvoir qui allait venir.

De Paris l'enthousiasme passe à la province; dans les garnisons on jouait le *Siége de Calais* devant les soldats, comme si on leur eût lu une proclamation du maréchal de Saxe. Les officiers faisaient distribuer à leurs régiments cette tragédie imprimée, qu'ils appelaient « le Code de l'honneur »; l'armée envoyait à de Belloy des députations, toute l'Europe lui adressait des lettres avec cette suscription : *A l'illustre père de la tragédie nationale*. Ce fut la première pièce de théâtre qu'imprima l'Amérique de Franklin l'imprimeur. Le roi lui fit frapper une médaille d'or où le nom du nouveau poëte était gravé dans une couronne, entre le nom de Corneille et celui de Racine; même le roi donna à de Belloy mille écus de son argent, et c'était beaucoup donner pour cet homme, avare comme sont les débauchés lorsqu'il s'agit de toucher à l'argent qui leur sert à satisfaire leurs passions.

A son tour la ville de Calais envoya à l'heureux de Belloy des lettres de citoyen de Calais dans une boîte d'or. Ce fut dans toute la France, en l'honneur du poëte nouveau, un déluge incroyable d'odes, stances, couplets, chansons, bouts-rimés; même on s'occupa de lui faire une généalogie, et l'on disait à qui voulait l'entendre qu'une grande impératrice (Élisabeth de Russie) était morte d'amour pour cet homme-là!

Cependant à quoi songe le vieux Voltaire, le roi, le dieu et le maître de ce siècle, se voyant oublié tout un jour pour une tragédie sans style et pour une moitié d'innovation? Voltaire, qui savait que la foule a toujours raison, même quand elle se trompe, fit d'abord comme la foule; il accabla d'éloges l'auteur du *Siége de Calais*, mais en secret il se demanda à lui-même ce qui allait arriver, et si cette tragédie que protégeaient la cour et le peuple à la fois, cette cour et ce peuple que lui Voltaire il croyait avoir séparés pour jamais, n'allait pas prévaloir contre sa propre tragédie?

En effet, cela était si extraordinaire déjà, le roi

et le peuple marchant de concert, le roi applaudissant ce qu'applaudissait le peuple, et le peuple approuvant ce qu'approuvait le roi ! Toute l'école encyclopédique fut émue de ce revers inattendu. Bientôt revenue de sa première surprise, elle commença par battre en brèche cette gloire étrange. Grimm le premier, dans sa feuille volante, infime journal qu'il arrangeait au gré de ses passions et des lecteurs, vantant à celui-ci ce qu'il avait dénigré à celui-là; Grimm, le plus perfide et le plus lâche des écrivains en cachette, se récria sur ce style misérable et sans suite qui déchirait l'oreille sans aller au cœur. Diderot lui-même, lui le premier introducteur des bourgeois dans le drame, prouvait à sa manière, à savoir d'une façon sérieuse et plaisante à la fois, que *pas un de ces Messieurs ne disait ce qu'il voulait dire et comme il devait le dire.* On mit en avant *Adélaïde Duguesclin* et *Tancrède*, à propos du *Siége de Calais.*

D'abord ce fut dans le public un *tolle* général contre ces critiques qui donnaient un démenti si formel à l'admiration publique. Les courtisans, *à qui de Belloy avait fait sentir le bonheur d'être Français,* comme disait M. le duc de Brissac, crièrent à la profanation; Louis XV lui-même prit en main la défense de la tragédie attaquée, et il demanda à M. le duc d'Ayen de Noailles, un des opposants, *s'il n'était pas Français?* A quoi le duc répondit : *Plût à Dieu, Sire, que les vers de M. de Belloy fussent aussi bons Français que moi.* Mais enfin, comme la passion même la mieux sentie s'apaise, comme le plus vif enthousiasme est sujet à s'éteindre, on finit par laisser de Belloy dans sa gloire, et il arriva, au bout de l'œuvre, ce que Chamfort avait prédit : ceux qui attaquaient le plus le *Siége de Calais* finirent par le défendre contre ses plus chauds admirateurs.

Après ce terrible succès du *Siége de Calais*, de Belloy se serait cru déshonoré s'il eût traité d'autres sujets que des sujets français. Il mit donc sur la scène Gaston et Bayard, le sire de Fayel, Pierre le Cruel et Duguesclin. Mais, hélas! on marchait si vite en ce temps-là que ces mêmes bourgeois qui s'étaient intéressés aux bourgeois de Calais n'eurent qu'un intérêt médiocre pour Gaston et pour Bayard. La chevalerie ne les touchait guère, ces hommes qui sentaient confusément l'approche de 89, et puis ce n'était pas ainsi que le public avait entendu qu'on lui ferait un *théâtre national*. Dans son théâtre national, le peuple voulait jouer le beau rôle, comme font les grands comédiens qui ont le droit de choisir les rôles qui leur conviennent. D'ailleurs, que lui importait l'*abaissement auguste* de Bayard demandant pardon à son général en chef? Le peuple ne comprenait déjà plus qu'on demandât pardon à personne! On s'intéressa tout aussi peu à *Pierre le Cruel,* cette bête féroce et stupide, dont M. de Belloy voulut faire une manière de philosophe raisonneur.

Heureusement de Belloy, avant de finir par *Pierre le Cruel,* qui ne fut joué qu'après sa mort, comme il avait commencé par *Titus,* avait-il trouvé les quelques belles scènes de *Gabrielle de Vergy.* Cette fois la monomanie chevaleresque et guerrière de l'auteur lui donna quelque repos. Il se contenta de mettre en jeu les passions de tout le monde, ces inépuisables passions, la jalousie et l'amour; « l'amour, qui est toujours le maître partout où il est », disait une des recluses volontaires de Port-Royal[1].

Sans nul doute, Gabrielle de Vergy est souvent monotone; souvent aussi elle est intéressante et digne de pitié. *C'est mon Héloïse un peu requinquée,* disait Jean-Jacques Rousseau avec cette bonhomie malicieuse qui lui a tant profité toute sa vie. Dans cette tragédie, les invraisem-

---

1. Mme la marquise de Sablé.

blances fourmillent, mais elles sont soutenues par un certain désir d'apprendre et de savoir ce qui va arriver, qui fait qu'on les oublie et qu'on les pardonne. Le vers est sec et dur, mais quelquefois il est énergique et simple, et ce serait la pièce de de Belloy la mieux écrite, s'il y avait une pièce de de Belloy *écrite*. On ne remarque pas tout d'abord que cette position de Gabrielle de Vergy, mariée et honnête femme, est une position sans espoir et par conséquent peu dramatique.

L'action de Coucy entrant, déguisé en simple écuyer, chez cette femme qu'il ne doit pas, qu'il ne veut pas déshonorer, n'est guère conforme aux lois de la chevalerie; et non-seulement il pénètre dans le château de Gabrielle, mais il y reste pendant deux actes, exposant cette malheureuse femme aux terribles vengeances de son mari.

Le grand défaut de *Gabrielle de Vergy* (ce défaut est commun parmi nos dramaturges du second ordre), c'est que les divers personnages de cette tragédie ont peine à soutenir entre eux un discours quelque peu suivi. Même les deux amants, quand ils sont réunis, que se disent-ils, grands dieux! Comment donc, on les espionne, on les observe, on les écoute; Fayel peut tout à l'heure égorger cette femme sous les yeux de Coucy, et ces deux amants ne trouvent, dans ces terribles instants, que des sentiments faux et vulgaires, de languissantes et ternes paroles!

Il est vrai, l'éloquence manque ici ; heureusement que l'arrivée de Fayel est belle et terrible. Cet homme fait peur ; mais il y a chez lui tant de jalousie et tant d'honneur qu'on lui pardonne ; ajoutez que cette femme est si bien *la chose* de son mari qu'on est saisi d'effroi lorsque les deux rivaux vont se battre en duel. Quant au dénoûment, il est atroce sans être terrible, il est inutile, il cause plus de dégoût que d'effroi. Que me fait ce cœur de Coucy servi tout saignant à Gabrielle? Pour que Gabrielle meure il suffit que Coucy soit mort ; il n'est pas besoin de lui servir cet horrible morceau... La terreur n'est pas là, la tragédie n'est pas là, non plus que l'art.

Ce qui produit de l'effet au théâtre, ce ne sont pas seulement les cœurs saignants qu'on vous sert sur un plat de vermeil, c'est la manière dont on les apprête. Je sais bien qu'on peut répondre que cette histoire de cœur saignant est tirée des *Chroniques* de Froissart : tant pis pour les *Chroniques*. Vous avez déjà vu que Corneille se méfiait des chroniques, et qu'il aimait mieux s'en tenir à l'histoire. Non, non, point de cruautés inutiles ; ne me parlez pas des horreurs hors de saison! Il y avait aussi dans l'antiquité une épaule mangée par Cérès, et un cœur dévoré par un père malheureux ; mais si l'antiquité n'avait eu que cette épaule et ce cœur à servir aux maîtres Eschyle, Euripide et Sophocle, *Oreste*, *Phèdre*, *Iphigénie* et *Prométhée* auraient-ils jamais vu le jour ?

CORNEILLE, DUCIS.

M. Ducis était un grand copiste de Shakespeare ; « on disait même de son temps qu'il *continuait* Shakespeare ». Non moins que son prédécesseur M. de La Harpe, M. Ducis (à l'Académie il occupait le fauteuil de Voltaire !) nous fournirait, s'il en était besoin, de bien curieux chapitres sur la façon de mettre en lumière un grand poëte, et de l'accommoder *à l'idée* et au goût de messieurs les Parisiens. On sait, par exemple, que le bonhomme Ducis, qui tenait à contenter *tout le monde et son père*, avait la complaisance de faire deux dénoûments à *ses* tragédies de Shakespeare, *le dénoûment heureux, et le dénoûment malheureux*. Ainsi, dans l'*Othello* Ducis-Shakespeare, on pouvait, au choix des personnes, étouffer Desdémone ou la sauver. Lisez, si vous en avez le courage, l'*Hamlet* de Ducis, et vous verrez ce que le *poëte* français a fait du prince de Danemark, du Hamlet irrésolu et mouvant comme les vagues de l'Océan, un jeune prince *classique*, plein de volonté et d'énergie.

> Il cache un cœur de feu sous un dehors paisible,
> Et tous ses sentiments, avec lenteur formés,
> S'y gravent en silence, à jamais imprimés.
> . . . .
> Ne vous y trompez pas : ses pareils, outragés,
> Ne s'apaisent jamais que quand ils sont vengés.

Ducis était de ces poëtes et de ces historiens à l'usage des théâtres de l'Ambigu-Comique et de la Gaîté, qui veulent absolument que le crime soit puni et que la vertu soit récompensée : ce ne serait pas convenable autrement. Aussi son héros finit par être vainqueur, comme à Franconi, et succède au trône de son père. C'est plus moral, on en convient; mais la vérité et le drame, où sont-ils ?

Véritablement il fallait que Talma fût bien un grand artiste, et que MM. les littérateurs de l'Empire eussent encore bien des choses à apprendre, à oublier, pour que tant d'enthousiasme ait suivi et poursuivi le Shakespeare arrangé et dérangé par M. Ducis.

Eh bien, cet homme-là se croyait tout bonnement un inventeur. Je suis sûr que le jour où il inventa *Abufar, ou la Famille arabe*, il se figura qu'il avait découvert l'Orient tout au moins. En ce temps-là (Dieu me pardonne! on croirait que c'était hier), il n'était pas de poëte qui ne cherchât l'Orient, comme les juifs cherchent encore le Messie. Nul d'entre eux, je parle des poëtes, ne se doutait qu'il y avait plus d'inspiration orientale dans les chœurs d'*Athalie* et dans l'extase biblique du grand-prêtre Joad que dans toutes les tentatives contemporaines pour introduire sur la scène le palmier, l'onagre, le chameau et la gazelle.

A les entendre, c'était là tout l'Orient. — Ducis lui-même, après avoir défiguré Shakespeare avec la plus grande bonhomie, ne s'est pas douté qu'il venait de la toucher du doigt, cette passion africaine après laquelle il courait haletant de toute la force de sa poésie; il ne s'est pas douté qu'il venait de se mesurer, à armes inégales il est vrai, avec cet amour de l'Orient qui a nom Othello et qui tue au premier soupçon. L'Orient! Voltaire aussi s'est mis en quête de l'Orient. *Zaïre*, c'est l'Orient, mais quel pâle soleil! mais quelle jalousie française! *Zaïre*, c'est l'Orient comme *Alzire* c'est l'Amérique, comme *l'Orphelin de la Chine* c'est la Chine.

Les plus belles intelligences sont sujettes à l'erreur. Voltaire a cru trouver l'Orient en faisant d'Othello l'Africain le galant Orosmane, et de la belle Vénitienne Desdemona Zaïre la Française, que dis-je ? la Parisienne de Versailles. Ducis a cru trouver l'Orient sous la tente d'Abufar, pendant que l'Orient éclatait autour de lui, sous le regard brûlant du Maure, dans le sourire mouillé de la Vénitienne.

Bien plus, et puisqu'elle se présente ici, cette question d'Orient, laissons en repos M. Ducis et aluons, l'occasion est belle, un poëte plus grand à lui seul qu'Eschyle, Euripide, Sophocle et Shakespeare. — En effet, il y avait en France, bien avant Ducis et bien avant Voltaire, un homme qui avait pressenti, du fond de son génie, la passion orientale dans ce qu'elle a de plus chaste et de plus réservé. Corneille est cet homme.

Il a trouvé *le Cid* espagnol qui se bat contre les Maures, ces premiers maîtres de l'Espagne. Corneille, lui, ne s'était pas proposé de retrouver l'Orient et la passion orientale. Il n'a pas imaginé, comme cet honnête Ducis, un théâtre qui représente *les tentes éparses d'une tribu;* il n'avait mis dans son admirable pièce *ni chameaux, ni chevaux, ni chèvres, ni brebis paissant en liberté.* Mais en revanche quels inépuisables retours du cœur humain sur lui-même ! quel magnifique duel entre l'amour et l'amour filial ! quelle variété de passions et de mouvements! Corneille, ce naïf grand homme, ne s'est guère occupé, dans son chef-d'œuvre, de retrouver l'architecture gothique et autres accessoires puérils qu'il méprisait de toute son âme : que lui importe l'armure de son *Cid* et le fauteuil dans lequel se désole sa Chimène, pourvu que le cœur batte sous cette armure, et que les larmes de Chimène soient des larmes véritables?

Pierre Corneille le premier a été chercher en Espagne ce héros, *assez reconnaissable aux lauriers dont il est couvert*, comme il le dit lui-même à Mme la duchesse d'Aiguillon en parlant de *ce portrait vivant* : « Sa vie a été une suite continuelle de victoires; son corps, porté dans son armée, a gagné des batailles après sa mort, et son nom, au bout de six cents ans, vient encore triompher en France. » — Voilà comment il faut parler du Cid quand on est le grand Corneille! Mais combien il est malheureux, après cette phrase toute romaine, *d'avoir l'honneur de se dire le très-humble, très-obligé et très-obéissant* serviteur de la nièce du cardinal de Richelieu!

« Chimène demanda au roi qu'il fît punir le Cid selon les lois, ou qu'il le lui fît donner pour époux. » Dans ces paroles de Mariana se retrouve toute la tragédie de Corneille. Il avait encore, comme il dit, *deux romances* à mettre en œuvre, et il cite ces deux romances, sortes de petits poëmes *qui sont comme des originaux décousus de leurs anciennes histoires.* Il avait bien encore, ajoute-t-il, à mettre en œuvre, s'il eût voulu, *deux chroniques;* mais, chose étrange! il *s'est méfié* de ces deux *chroniques,* lui Corneille, et savez-vous pour quelle raison? « C'est que toutes les deux ont *quelque chose qui sent le roman*, et peuvent ne pas persuader davantage que celles que nos Français ont faites de Charlemagne et de Roland! » Ainsi, chose digne de remarque! cet aventureux esprit n'en veut qu'à l'histoire; cette grande imagination recule devant le roman. Le vieux Corneille a peur des *chroniques.* Les chroniques! mais aujourd'hui nous ne reconnaissons qu'aux *chroniques* le droit d'être de l'histoire! La chronique et le roman, mais voilà chez nous les deux grands éléments dramatiques — *rejetés* par Corneille, Messieurs!

Or c'était surtout de cette façon-là que Corneille était un poëte novateur. Il était novateur en ce sens qu'il remplaçait le *roman* par l'histoire, la *chronique* par la vérité, le *Roland* et le *Charlemagne* célébrés et chantés dans les poëmes par le Roland et le Charlemagne historiques. Avant Corneille, la tragédie française, s'il y avait une tragédie française, n'était qu'un long et insipide roman, une *chronique* emphatiquement *héroïque*. Il en a fait une vivante histoire. Les héros tragiques étaient d'insipides héros qui roucoulaient, qui soupiraient, qui parlaient un langage de convention; Corneille a fait de ces *Brutus galants et damerets* des hommes véritables, des hommes qui ont du feu dans la tête, du sang dans le cœur, de brûlantes et énergiques passions, des Romains de la république romaine, des Espagnols du royaume de Valence, des chrétiens des catacombes. Voilà comme il a été novateur et révolutionnaire, novateur par l'histoire, révolutionnaire par la vérité; voilà comment il a ouvert la grande route à tous les empereurs de Racine, à tous les tribuns de Voltaire; il a *rejeté* les *chroniques* où puisaient ses devanciers; il a rejeté le *roman*, auquel sont revenus ses successeurs en criant à la découverte, à la nouveauté.

Le premier, il est venu dire ce qu'Aristote avait dit après les grands tragiques grecs, et ce que la France ne savait pas : que le héros souffrant et persécuté ne doit être ni *tout méchant*, ni *tout vertueux* ; qu'il y a *des traits de faiblesse* aussi dramatiques que des crimes. Le premier aussi, il est venu prouver, contre Aristote, que l'unité de lieu n'était pas une loi sans appel.

Dans le *Cid*, la scène se passe, tantôt dans la maison du comte de Gormas, tantôt au palais du roi, tantôt dans la ville. Corneille ne venait pas au théâtre pour se soumettre aux règles, il venait pour les faire. Cependant, telle était la merveilleuse unité de son drame, qu'on joua *le Cid* hardiment dans la maison de Chimène. Le roi, le Cid, Chimène, les vainqueurs des Maures, se rencontrèrent dans le même salon sans que la vraisemblance en fût choquée, tant Corneille était un homme sûr de ce grand art dont il était le créateur. En ce temps-là, le Théâtre-Français n'était pas préparé pour les décorations et pour les machines.

Corneille lui-même n'avait pas le droit d'exiger pour une seule pièce, même pour *le Cid*, un palais, une place publique et un salon tout à la fois ; l'unité était protégée beaucoup plus encore par le décorateur et par le machiniste que par Aristote. En ceci les spectateurs étaient simples et de bon goût. Il ne s'inquiétaient guère du lieu où se passait l'action, ni de la toile peinte, ni de ce qu'elle représentait. Tous les chefs-d'œuvre de Corneille ont été représentés devant trois ou quatre méchantes toiles, toujours les mêmes, et barbouillées au hasard. M. Cicéri était bien loin, Molière et Racine étaient bien près. En ce temps-là l'art n'était pas dans les décorations, la passion non plus, ni l'intérêt. Les trappes, les riches costumes, les meubles exacts, n'avaient que faire à lutter avec la poésie et la passion que l'auteur dramatique jetait dans son œuvre. Cependant on ne dit pas que les chefs-d'œuvre se soient ressentis de cette absence de *vérité* dramatique.

CASIMIR DELAVIGNE

MARINO FALIERO[1]

MÉLODRAME! A la bonne heure, le nom ne fait rien à l'affaire : si vous arrivez à quelque chose de dramatique et de vrai, c'est à peine si je m'informerai de l'œuvre que vous avez voulu faire ; il n'y a pas de question à ce sujet, pas plus que sur le choix du théâtre. Le drame de M. Delavigne, à la Porte-Saint-Martin, a paru à quelques-uns une innovation importante, à d'autres une grande hardiesse ; aux hommes qui veulent donner une position nouvelle à la littérature, cette défection à ce qu'on appelle la comédie française depuis si longtemps a paru toute naturelle. Ce vieux théâtre français est tellement au delà de toute passion vraie, de

---

1. Ce feuilleton est la première critique dramatique de J. Janin. Il a paru dans la *Quotidienne* (1ᵉʳ juin 1829).

toute émotion dramatique; M. Lafon, Mlle Duchesnois et M. Desmousseaux sont des types de terreur tellement usés, qu'à un poëte épris de son œuvre, le choix n'était pas douteux. Pendant qu'à la rue Richelieu tous les personnages lui manquaient, il voyait sur les boulevards Mme Allan Dorval et Frédérick-Lemaître, espèce de Talma en guenilles, aussi puissant sur la foule que Talma l'avait été; il voyait dans ces parterres de dernier ordre une intelligence précoce de la tragédie moderne; et puis il y avait quelque bruit à faire en brisant le joug de MM. les comédiens du roi. Le joug a été brisé, *Marino* a achevé ce que *Pertinax* avait si léthargiquement commencé. A présent donc il est bien décidé que le drame est partout, aux Nouveautés, à côté de Mme Albert; à la Porte-Saint-Martin, lorsque Mme Allan Dorval se livre à cet entraînement de larmes qui n'appartient qu'à elle; au Gymnase surtout, sous les traits passionnés de Léontine Fay; partout aujourd'hui, excepté au Théâtre-Français, ceci soit dit sans prétendre renoncer à l'autorité de nos grands génies.

Vous avez lu sans doute dans lord Byron un grand drame sur Venise, intitulé *Marino Faliero*. Tout préoccupé de cette cité détruite, de ces palais déserts, de ces lagunes silencieuses, la fantaisie survient au poëte de jeter dans un cadre dramatique les souvenirs qui l'assiégeaient en foule, et alors il découvrit sous un voile noir, au milieu des tableaux des doges, le nom de Marino, décapité en 1500 pour crime de trahison. La pièce de lord Byron et celle de M. Casimir Delavigne ne diffèrent guère l'une de l'autre pour le fond. Chez tous deux il s'agit d'un vieillard insulté grièvement par un jeune patricien nommé Steno. Le doge demande justice au conseil; Steno n'est condamné qu'à un mois de prison : un mois de prison pour un crime capital! Voilà la vieillesse de Marino flétrie à jamais; il veut se venger. Tout le sénat est coupable, tout le sénat sera puni. Alors un homme du peuple se présente à lui; il a été frappé au visage par un patricien :

Le fer tue et la main déshonore.

Il réclame ainsi vengeance. « Nous nous vengerons tous deux ! » s'écrie le doge; et au second acte le noble vieillard va se trouver au milieu d'une foule de gondoliers, d'artisans, de pêcheurs, lui, doge de Venise! Au reste, dans la pièce française, c'est une conjuration en plein air, c'est presque un souvenir perpétuel des *Vêpres siciliennes*; et, comme nous ne sommes plus à la révolte, le parterre est resté froid comme devant une poésie usée pour lui.

Cependant dans le nombre des conjurés se rencontre un homme faible et timide, qui va dénoncer ses complices. Au quatrième acte le doge est arrêté et conduit au conseil des Dix; ses adieux à sa jeune épouse et à un vieux conspirateur, sa mort enfin, remplissent tout le cinquième acte, et tout est dit. Or ces deux drames, dont le fond est positivement le même, ne se ressemblent nullement; avec les mêmes noms, les mêmes faits, les mêmes actions, les mêmes moyens, ce sont deux ouvrages tout différents. Voici pourquoi.

Quand lord Byron conçut son *Marino Faliero*, il voulut, selon sa coutume, non pas réaliser une action dramatique, mais peindre en poëte cette grande cité de Venise dont les ruines l'occupaient si fort. Grand amateur de belle nature et de vieille histoire, lord Byron avait au plus haut degré le secret de lire dans les ruines et d'y voir ce qu'elles avaient été. Ainsi dans son drame tout rappelle Venise : vous voyez les lagunes, vous entendez le chant des gondoliers, vous passez le *Pont des soupirs*; vous assistez à toutes ces tortures secrètes, à toutes ces clameurs séditieuses; vous voyez Venise, en un mot. Souvent, à cette lecture, je me suis figuré lord Byron monté sur un cheval arabe et courant au grand galop dans ces rues désertes : car c'est ainsi qu'il étudiait les villes. Il ne lui fallait qu'un coup d'œil rapide et animé pour se plonger dans le passé; et, quand de ce passé il était maître, son drame était fait : car il n'en voulait pas aux applaudissements du théâtre, c'était un succès trop peu poétique pour ce poëte; le drame était pour lui une rêverie à l'usage d'un homme tout seul, et non pas un piége tendu aux applaudissements d'une foule ignorante à laquelle il faut tout expliquer si on veut en être compris.

Cela posé, vous comprenez que M. Casimir Delavigne n'a dû voir dans le *Marino* de Byron que le texte d'un beau drame, et non pas un drame tout fait; aussi, tout en conservant certaines choses, a-t-il dénaturé ce poëte si complet. Chose étrange! dès les premiers vers, M. Casimir Delavigne calomnie à plaisir la jeune épouse du doge; le voilà qui dénature cette charmante création de Byron, comme si une jeune et chaste épouse, éprise de son vieil époux et l'aimant plus qu'un père, n'était pas assez dramatique!

Pour ma part, je ne conçois pas qu'un poëte qui fait tant d'efforts pour être neuf se rejette avec gaieté de cœur dans les vieux adultères et les vieux remords de notre ancienne tragédie, pendant qu'il a sous la main cette jeune fille échappée à Byron, simple, douce, craintive, au-dessus de toute calomnie; entourant ce vieillard de mille caresses innocentes. C'est ainsi que Lewis, qui, Dieu merci, se connaissait en drames, l'avait conseillée à Byron. Mais aussi qu'est-il arrivé? A la place de ces scènes touchantes et pures, l'héroïne de M. Delavigne en est réduite à pleurer sur son crime, à faire des sermons à son amant, à lui broder une écharpe noire, à s'avouer coupable devant son époux, à implorer son pardon, et toute la fastidieuse série des infortunes d'une femme qui a des remords.

M. C. Delavigne serait bien épouvanté si on lui démontrait qu'il a refait en beaux vers le drame de *Rochester* tout simplement; que c'est à peu près la même femme et le même mari, avec moins de vérité, d'intérêt et de naturel. Sous ce rapport, le mélodrame français est entièrement manqué; heureusement que de belles parties le relèvent. Le second acte, à dire vrai, est le plus dramatique de tous : ces deux jeunes hommes opposés l'un à l'autre et qui se provoquent au milieu d'une fête, leur combat et la mort de Fernando, forment un épisode plein d'intérêt, qui appartient tout entier à M. Delavigne.

L'interrogatoire du quatrième acte est aussi un chef-d'œuvre qui lui appartient en propre. On distingue encore, au milieu de tout ce luxe admirable de poésie, de ces magnifiques tirades pour lesquelles M. C. Delavigne n'a pas d'égal, une partie dramatique simple et énergique qui n'est pas d'un médiocre effet : ce sont les scènes dans lesquelles paraît le peuple, avec son langage concis, ces formes heurtées et ces physionomies brusques et souvent impolies que Shakespeare entendait si bien. Si donc il n'y a pas d'unité dans ce drame, et il faut bien reconnaître qu'il n'y a pas d'unité, il sera bien difficile de trouver que quelque chose y manque. Les richesses poétiques y sont jetées à pleines mains : peuple, magistrats, jeunes gens et vieillards, jusqu'au doge, tout y joue son rôle ; et si le drame ne vous saisit pas tout entier, si par intervalles l'auditoire reste froid et fatigué, c'est qu'au milieu de toutes ces beautés en détail, on comprend que l'auteur n'a pas de but arrêté, pas de plan certain ; qu'il vise à l'effet du style d'abord, et ensuite on voit très-distinctement qu'il veut surprendre plutôt qu'entraîner ; et qu'il y a en effet dans son auditoire plus d'étonnement que de véritable conviction.

La tragédie moderne n'a donc pas fait un pas dans ce mélodrame ; elle est restée ce qu'elle était : longue, froide, incomplète, surchargée d'imitations prises çà et là, mais admirablement écrite et calculée quand c'est M. C. Delavigne qui s'en charge.

Voulez-vous savoir notre pensée tout entière là-dessus? L'histoire du *Marino Faliero* de M. C. Delavigne est identiquement, et au talent près, l'histoire de la dégradation dramatique de *Fiesque*, de *Don Carlos*, de *Marie Stuart*, de toutes les imitations faites et à faire. On arrive sans doute à un résultat dramatique, grâce à Schiller, grâce à Shakespeare, grâce à Byron; mais à cette originalité qui fait le poëte, à cette allure libre et fière sans laquelle il n'y a pas de drame national, à cet énergique langage qui est toujours au service du poëte quand c'est sa propre pensée qu'il colore, à l'unité en un mot, jamais on n'y arrive quand ce n'est pas sur son drame qu'on agit, quand ce n'est pas sa passion qu'on présente, quand on ne peut pas dire à chacun de ses personnages : *Tu es à moi!*

Il ne manque que cela au drame de M. Casimir Delavigne pour être un chef-d'œuvre. Jusqu'à présent ce n'est que le développement en beaux vers d'une pensée dramatique dont tout l'honneur doit revenir à lord Byron, un habile et éloquent commentaire du drame anglais; je dirai plus : ce n'est pas encore un mélodrame, c'est tout simplement une tragédie, malgré son titre prétentieux.

Toujours est-il vrai de dire que le succès a été

immense. A chaque acte nouveau c'étaient des applaudissements universels et un enthousiasme bien senti. La salle était pleine encore une demi-heure après la fin ; on demandait l'auteur à grands cris ; c'est à peine si le parterre a consenti à se retirer quand il a su que M. Delavigne s'était dérobé à ses empressements.

ALEXANDRE DUMAS

HENRI III[1]

Essayez, à l'heure où je vous parle, de vous rappeler *Athalie*, ou *Phèdre*, ou *le Misanthrope*, aussitôt vous voyez ces belles œuvres nettes, claires, fécondes, superbes dans leur ensemble et dans leurs moindres détails; essayez de vous rappeler *Henri III*... Certes vous avez été fasciné, tout comme un autre, de ces bruits formidables, de cette pétulance insensée et du vagabondage effrayant de ces passions effrénées; mais à cette heure, au moment où vous tentez de vous en souvenir, de ce passé, tout vous échappe, et la critique est obligée de vous rappeler que la première scène se passe chez Côme Rug-

---

1. Cette critique date de la première reprise du célèbre drame d'Alexandre Dumas. J. Janin ne tenait pas encore le feuilleton dramatique des *Débats* quand il fut joué pour la première fois, en 1829.

gieri. Vous avez là tout un laboratoire d'astrologue, une dissertation d'astrologie, une alcôve, une porte secrète; vous avez ensuite une sarbacane, un mouchoir aux armes de la duchesse de Guise; et que de noms propres, rien que dans le premier acte! Comptez-les, ceux qui parlent et ceux dont on parle : Ruggieri, Catherine de Médicis, La Mole, le roi de Navarre, le duc d'Anjou, Quélus, Schomberg, Maugiron, Antraguet, d'Épernon, Joyeuse, Saint-Mégrin, René, Jeanne d'Albret, la duchesse de Guise, Marguerite de Vaudemont, Ronsard, La Chapelle-Marteau, Brizard, Thomas Crucé, Bussy-Leclerc, Mme de Cossé, Bassompierre, Nicolas Poulain, l'avocat Jean David, François Rosières, Crucé, le président de Thou, Poltrot, Mme de Montpensier, le duc d'Anjou, le cardinal de Bourbon, Saint-Paul, et peut-être encore les personnages que j'oublie : en est-ce assez?

En belle et bonne préface explicative (une préface à la Cromwell!), ces véritables superfluités s'appellent *des accessoires;* oui, mais dans tous ces accessoires l'action disparaît; mon oreille, occupée outre mesure de cette légion de noms propres; mon esprit, qui cherche à voir clair en cette foule de personnages; ma mémoire, qui veut se souvenir du sens attaché à tous ces fantômes historiques, toutes ces causes réunies ne me permettent guère de bien deviner l'exposition du drame; et quand enfin, à force de zèle et d'activité, je me suis fait jour à travers vos importuns accessoires, je rencontre une reine qui endort Mme la duchesse de Guise, dans une alcôve, *à l'aide de cette liqueur que l'on tire des fèves arabes.* Voilà la chose. Or cette dame endormie, étendue sur son lit, dans les bras de son amant, elle est surprise par son mari qui arrive en ce boudoir pour faire disparaître cette vision. Et puis, l'étrange nouveauté! ce drame qui se noue et qui se dénoue par un mouchoir de poche oublié là. C'était bien la peine de tant déclamer contre la lettre d'Aménaïde, contre la lettre de Zaïre, ou le fatal bandeau de Monime!

Notez bien que tout ce brio extérieur, ce tiraillement du drame, et ce double tiraillement des yeux et des oreilles, sont à peu près le seul artifice de ce drame. Vous étiez tout à l'heure chez un alchimiste, au milieu de toutes les portes secrètes et de tous les ustensiles de la profession; maintenant vous êtes en plein Louvre, dans une vaste salle où chacun s'abandonne à sa rêverie du moment: celui-ci est debout, celui-là est couché dans un fauteuil, ces deux autres font des armes, ces deux autres vont jouer aux échecs; Joyeuse tire *son bilboquet de son escarcelle;* Saint-Luc raconte le mystère qu'il a vu représenter la veille à l'hôtel Bourbon, ou la première pierre du pont Neuf, bâti par l'architecte Ducerceau; il vous dit aussi comment les fraises goudronnées sont remplacées par les collets renversés, à l'italienne. A la fin : « Le roi, messieurs ! » Et, par Notre-Dame de Guise ! le roi eût bien fait d'arriver plus tôt; il nous eût débarrassés quelque peu de ce caquetage, qui n'ajoute rien à l'action; il nous eût délivrés de ces quolibets, pour le moins inutiles. Malheureusement, le roi lui-même, il arrive exprès pour faire à son tour un petit brin de *couleur locale*. Hélas! en dépit de ce bric-à-brac, il y a cent fois plus de *couleur locale* dans quatre vers de *Polyeucte* que dans les magnificences *exactes* du drame moderne.

En ces discours, peu dignes de la grandeur d'une action dramatique, et bons tout au plus à amuser le tapis d'un roman historique, le roi parle à la fois de son pèlerinage et de son *habit d'amazone*. Après une assez médiocre dissertation sur la révolte de son frère, le roi distribue à ses favoris toutes sortes d'accessoires : les pendants d'oreilles de Quélus, la chaîne de Maugiron, l'épée de Schomberg. Cela fait, le roi prend un flacon, et quand il en a respiré les sels, il rend ses biens à M. de Balzac d'Entragues, baron de Duras, comte de Graville, gouverneur général d'Orléans. Or tous les titres de M. le baron d'Entragues sont des *accessoires,* aussi bien que les boucles d'oreilles de Quélus, l'habit d'amazone du roi et la chaîne d'or de Maugiron.

Cependant, jugez par cet exemple de la patience et de la curiosité de ce bon public. On lui a parlé de la Ligue, on lui a raconté les façons de M. de Guise, on l'a mis au courant des amours de la duchesse de Guise et de Saint-Mégrin; que dis-je? on étale aux yeux de ce parterre ahuri toutes sortes de joyaux d'or, de soie ou d'acier, et maintenant, voici que vous vous amusez à nous dire tous les titres d'un homme qui ne joue aucun rôle dans votre pièce; de bonne foi, qu'est-ce que cela nous fait, à nous, que M. de Balzac d'Entragues s'appelle Charles, et qu'il soit baron de Duras, comte de Graville, gouverneur d'Orléans? Ceci revient toujours à cette charge d'Henri Monnier, avec son compère Lepeintre jeune : « Vous voulez parler de Dozainville? Parlons de Dozainville. » Le grand secret de l'art dramatique est là tout entier.

Arrive à son tour le duc de Guise : enfin, et pour le coup, vous croyez au moins que celui-là, qui est posé comme le héros, comme la péripétie et le vrai danger du drame... un amoureux, ce duc de Guise, un jaloux, un furieux, va enfin se mon-

trer à nous simple et vrai, parfaitement dégagé de
ces accessoires et de ces puérilités? Non pas, certes!
M. le duc de Guise! mais il est plus insolent et
plus bruyant que tous les autres, et ce grand tapage autour de ce terrible héros détruit beaucoup
l'effet de cette entrée imposante. — Et notez avec
soin que M. le duc de Guise est, comme les autres, un déclamateur. Lui-même il nous parle de
toutes sortes de choses qu'il a lues dans les livres,
des états de Blois, des trois ordres de la nation,
des deux cent mille livres de rente aliénées des
biens de l'Église avec la permission du pape, de
l'emprunt fait aux membres du Parlement, des
trois millions empruntés au duc Casimir sur les
diamants de la couronne, des deniers de l'Hôtel de
ville détournés, du refus des états généraux de
consentir un nouvel impôt, du progrès des hu-
guenots (et toute une liste d'accessoires).

Ainsi, Favas a déjà pris La Réole; Montfer-
rand, Périgueux; Condé s'est emparé de Dijon;
le roi de Navarre a été vu sous les murs d'Orléans;
la Saintonge, l'Agénois et la Gascogne sont en
armes; les Espagnols ont pillé Anvers, brûlé huit
cents maisons, et passé sept mille habitants au fil
de l'épée....

Bref, M. de Guise, en présence du roi, de la
reine, et de toute la cour, va plus loin que ne pour-

rait aller, même de nos jours, le plus furibond député à la Chambre, le plus acharné démagogue dans son journal. Cependant cette lamentation furieuse du duc de Guise, dans ce drame, ne vous touche guère, et savez-vous pourquoi? Par l'unique motif que M. le duc de Guise n'est pas en colère. Il étudiait tout fraîchement, ce matin même, la petite histoire du règne de Henri III... Il veut à toute force vous répéter ce qu'il vient d'apprendre, et il se hâte, afin de ne rien oublier. L'*accessoire*, et toujours l'*accessoire*, et rien que l'*accessoire!* Des noms propres, des faits entassés, des allusions, des rapprochements plus ou moins historiques, mais de l'événement principal, pas un mot. *Ad eventum*, disait Horace. « De grâce, avocat, parlez enfin de mon chevreau! » comme il est dit dans une épigramme célèbre de Martial.

Quand il s'est bien lamenté, M. le duc de Guise revient à la question de la sainte Ligue, qui demande un chef. La question surprend le roi, et elle nous surprend bien davantage, nous autres spectateurs, qui attendions avec grande impatience que l'on nous donnât quelque nouvelle de Mme la duchesse de Guise et de son mouchoir. Cela dure jusqu'au moment incroyable, impossible, où ce terrible duc de Guise, cet homme assez puissant pour oser dire au roi de France toutes ces cruelles vérités et pour les lui jeter à la face, est insulté par les roquets de la cour ! Même l'insulte va si loin que Saint-Mégrin se dispute avec Joyeuse à qui lui soufflera un pois chiche à la figure à travers une sarbacane ! Ici la logique ingénue se voile la face de ses deux mains ; elle ne comprend pas qu'à la même heure, au même instant, le même homme puisse tomber du haut de cette insolence à ce degré d'humiliation !

Voilà ce que c'est que l'accessoire : à peine introduit dans le drame, il faut absolument s'en servir. Vous aviez, en guise de parure, une sarbacane au premier acte ; on s'en servira, de la sarbacane, au second acte, pour insulter M. le duc de Guise !

Mais, dites-vous, il entrait dans mon plan que M. le duc de Guise fût insulté par Saint-Mégrin. C'était, j'en conviens, tout à fait votre droit ; mais, en ce cas, il fallait jeter entre ces deux gentilshommes une dispute de gentilshommes ; il fallait que Saint-Mégrin attaquât le duc de Guise avec l'arme des soldats, et non pas avec l'arme des enfants. La scène ainsi faite, aussitôt rien n'était plus vraisemblable et plus naturel, tant votre duc de Guise était insolent et mal élevé, que M. de Saint-Mégrin prît en main la défense du roi et de la reine. La sarbacane était d'abord une puérilité...

elle est devenue un embarras dès que l'auteur s'est vu forcé de s'en servir. M. le duc de Guise est bien bon d'y répondre par un défi : attaqué par une sarbacane, il devait envoyer à M. de Saint-Mégrin un bourrelet.

La dispute qui s'élève alors entre M. le duc de Guise et M. de Saint-Mégrin est encore faite exprès pour servir de prétexte à un grand déploiement de noms propres. « Comte Paul Estuert, nous te faisons marquis de Caussade », dit le roi à Saint-Mégrin : car le roi veut que Saint-Mégrin soit l'égal du duc de Guise, afin que celui-ci n'ait pas le droit de refuser le duel. A quoi le duc de Guise répond au roi : *Je suis duc, sire !* Et en ceci il me paraît que notre bon et beau cousin de Guise dit une sottise, car il apporte un honneur de plus à son ennemi mortel. « Comte Paul Estuert, marquis de Caussade, répond le roi, nous te faisons duc de Saint-Mégrin. » Aussitôt le nouveau duc de Saint-Mégrin, se retournant vers le duc de Guise, s'écrie à la façon d'un parvenu, comme si nous ne savions pas déjà ses titres :

« Moi, Paul Estuert, marquis de Caussade, duc de Saint-Mégrin, à toi, Henri de Lorraine, duc de Guise, etc. », et il lui jette son gant (autre accessoire) à la face !

Et quand enfin ils ont tout dit, quand ils se sont

bien défiés l'un et l'autre, en présence même du roi, le roi met le holà, et il clôt la scène en disant qu'il assistera au duel le lendemain. Resté seul avec sa mère Catherine de Médicis, le roi Henri III cause de la politique courante ; la reine alors saisit dans sa poche un traité surpris sur l'avocat Jean David, émissaire du duc de Guise. Dans ce traité (autre accessoire), il est dit qu'on jettera le roi dans un couvent, comme si le roi ne le savait pas déjà. Cependant le roi est abattu à cette nouvelle ; il ne sait plus que faire et que devenir! Il supplie humblement sa mère de prendre les rênes de l'État ; sa mère alors le rassure en lui disant que le duc de Guise est un *roseau peint en fer*. A la fin, pourvu que son fils jure sur l'autel de la consulter en toutes choses, elle consent à reprendre les rênes de l'État, malgré Miron, son médecin, qui lui commande le repos. Vous attendiez-vous à ce nouvel accessoire, à ce Miron ?

Voici cependant que se montre à nos yeux charmés Mme la duchesse de Guise elle-même. A la fin la voilà donc, la voilà! A peine si nous l'avons aperçue endormie, il n'y a qu'un instant, dans une attitude compromettante. Hélas! chez Mme la duchesse de Guise elle-même on va retrouver l'emphase et l'accessoire. On parle, on parle encore, et de toutes choses ; mais du fait principal, à peine un mot. Du moins pensez-vous qu'il sera parlé du duel entre M. de Guise et M. de Saint-Mégrin? Certes, ce duel vaut bien la peine qu'on en parle, au moins... à l'hôtel de Guise et chez Mme la duchesse. On s'inquiète uniquement du bal de la cour, où Mme la duchesse de Guise veut aller en simple domino, où Mme de Cossé veut être habillée en Hébé. Voyez-vous cependant le petit page Arthur, emprunté à Schiller, à Beaumarchais, à tout le monde, un de ces petits êtres, souffreteux et malingres, qui ne sont pas encore des hommes, qui n'ont jamais été des enfants?... ce page est un *accessoire*.

Quand le page a dit son mot, Mme de Cossé se met à raconter la fête qui signalait l'avénement de Henri III, il y a vingt-cinq ans; elle va de là au tournoi de Soissons, en 1546. Cependant Mme la duchesse de Guise est en grande peine; elle a perdu son mouchoir, brodé à ses armes, et ce mouchoir la rend aussi malheureuse que le *mouchoir* de la femme d'Othello. Pour la distraire, on lui parle d'un joli petit sapajou que portait Mme Louise dans sa bourse (accessoires); on lui raconte qu'au bal de Mme de Montpensier, M. de Joyeuse était habillé en Alcibiade, M. de Saint-Mégrin en astrologue... *accessoire*. En fait de visites, sont venus à l'hôtel de Guise M. de Brantôme, qui apportait à Mme la duchesse un tome de ses *Dames galantes;* M. Ronsard, qui a laissé une jolie pièce de vers, et c'est le page qui lit la pièce de vers (elle est de Ronsard, elle est charmante), contrairement à cette loi dramatique (mais vous savez que nous les méprisons) qui veut que, de temps immémorial, les pages chantent les vers, avec accompagnement de mandoline ou de guitare. Restée seule avec le page, Mme la duchesse de Guise ne parle que de Saint-Mégrin et du jour où celui-ci se précipita dans la fosse aux lions pour ramasser son bouquet.

Ces choses, curieuses le premier jour, le premier jour on les regarde, on les écoute, et même on les admire. Oui, mais le lendemain on les oublie. Et puis, voyez la hâte, et comment le poëte, qui perd son temps et sa peine dans les chemins de traverse, se met enfin à courir pour rattraper le temps perdu. Je parle ici de la dernière scène du troisième acte, quand le duc de Guise entre chez sa femme, bien décidé à briser cette pauvre et belle créature. Quoi ! tout de suite ? Eh quoi ! sans crier gare, arriver au dénoûment ! le temps seulement de presser le bras de cette femme dans une main, que disons-nous ? dans un étau de fer, et de lui donner la torture du gantelet, comme on donnait la torture du brodequin ! Ainsi, parce que le drame est en retard avec son dénoûment, vous allez au but à la façon du caillou poussé par un bras vigoureux! C'était bien la peine, en vérité, de perdre votre temps à nous raconter ces vaines histoires de politique et de religion, qui ne nous intéressent guère, pendant que nous vous demandions instamment la suite de cette histoire d'amour! Or, vous avez beau faire et nous jeter aux yeux toute cette poudre de carrousel, d'astrologie, de champ clos, de Louvre et de sacristie, vous ne nous prendrez pas en défaut.

Le parterre est un juge; on peut l'éblouir un instant, mais bien vite il revient à la vérité, à la vraisemblance, au bon sens. Hurlez, criez, faites grand tapage autour du juge... il finira par contempler de sang-froid la moralité et l'importance des hommes et des événements qui s'agitent sous ses yeux.

Certes, vous n'aurez pas le droit, vous, l'auteur dramatique, de prendre une détermination de cette importance, comme est l'assassinat de la duchesse de Guise par son mari, sans qu'au préalable vous ayez expliqué au parterre, au juge suprême, comment et pourquoi ce mari va tuer cette femme! Le duc de Guise a beau dire qu'il a trouvé le mouchoir de sa femme en un lieu suspect, cette preuve est peut-être une preuve aux yeux du mari, elle n'est pas une preuve aux yeux du parterre. Il sait très-bien toute l'innocence de Mme la duchesse de Guise, et dans son âme et conscience, devant Dieu et devant les hommes, il ne souffrira pas qu'on égorge ainsi cette innocente sans élever la voix pour maudire l'assassin, non-seulement pour le maudire (en effet, là n'est pas la faute en tragédie), mais pour le trouver atroce, hideux, et, qui pis est, ridicule; et voilà l'irréparable malheur.

Voilà pourquoi et comment de pareilles actions ont besoin d'être préparées avec le plus grand soin, si vous voulez qu'elles soient acceptées. Il n'est pas besoin, que je sache, de vous raconter cette horrible scène du gantelet entre la duchesse et son royal époux : c'est tout simplement la torture appliquée aux explications conjugales. Quant au guet-apens que tend M. de Guise à M. de Saint-Mégrin, il est tout simplement abominable, et ce qui le rend encore plus atroce, c'est qu'avant vingt-quatre heures, le lendemain, tout à l'heure, M. le duc de Guise, outragé par Saint-Mégrin, doit se battre avec lui, en présence du roi et de toute la cour. Et demain, demain, quand on appellera en champ clos M. de Saint-Mégrin contre M. de Guise, ses amis viendront dire : « M. de Saint-Mégrin a été assassiné, cette nuit, dans l'hôtel de M. de Guise encore ! »

Ainsi, voilà un poëte, un inventeur, un chercheur de caractères, de passions, de douleurs, qui s'amuse à ramasser avec toutes sortes de minutieuses précautions mille petits débris sans nom, sans forme et sans grande valeur.

Le quatrième acte est semblable au premier acte. Vous vous retrouvez dans la même salle, au Louvre, garnie des mêmes meubles et des mêmes personnages. Le roi et la reine sont là, dans la même attitude gênée et contrainte ; le duc de Guise arrive, insolent, superbe et tel que vous l'avez vu tout d'abord. Cette fois encore on parle de la Ligue, et le duc de Guise, plus pressant que jamais, veut absolument que le roi donne un chef à la Ligue, et que ce chef ce soit le duc de Guise. Ici, la scène est belle autant qu'historique : le roi décide hardiment que ce chef de la Ligue ce sera lui, le roi de France !

A cette déclaration royale, le duc de Guise est atterré ; heureusement il lui reste une vengeance : Saint-Mégrin a déjà reçu la lettre que le duc de Guise a dictée à sa femme. En effet, Saint-Mégrin l'a reçue, cette lettre, il l'a reçue avec des transports qu'il eût fallu éviter pour empêcher que le parterre ne sourît en lui-même de la naïveté de Saint-Mégrin. Le duc parti, Saint-Mégrin et le roi ont une longue conversation, entrecoupée de mille incidents; et comme, dans cette importante circonstance, le roi n'a pas perdu l'habitude et le souci d'appeler à son aide les colifichets et les accessoires, il donne à Saint-Mégrin une amulette, un talisman, qui doit l'empêcher de mourir par le feu et par le fer. Ce que contiennent les poches du roi Henri III est véritablement effrayant. Cependant Saint-Mégrin finit par prendre congé de Sa Majesté, et il se rend en toute hâte à son fatal rendez-vous.

On pourrait dire ici que le jeune poëte a laissé trop d'intervalle entre le troisième et le cinquième acte, pour que ce rendez-vous inattendu, que donne Mme la duchesse de Guise à Saint-Mégrin, soit bien vraisemblable. En effet, que dans le premier moment de la douleur que lui cause son pauvre bras, écrasé par ce gantelet de fer (et comme elle disait ce mot-là, Mlle Mars : « Vous me faites mal, Monsieur le duc ! »), Mme la duchesse de Guise ait consenti à prendre sa part, et sa bonne part, dans ce guet-apens, nous le comprenons sans peine. Elle est femme, elle souffre, elle a peur, elle obéit ; il faut qu'elle obéisse absolument. Mais une fois que le duc de Guise est parti, aussitôt qu'il est retourné à la cour, à ses projets d'ambition, à son rêve de chef de la Ligue, on ne comprend pas que Mme la duchesse de Guise, au fond même de sa maison, n'ait pas crié : *A l'aide! au secours!* qu'elle ne se soit pas jetée par la fenêtre pour sauver celui qu'elle aime, enfin que nul, dans cette maison presque royale, ne soit accouru aux cris de Mme la duchesse, pas même son page. En un mot, ce guet-apens du duc de Guise se passe aussi tranquillement que ces misérables petits guets-apens de l'homme et de la femme dont il est question souvent dans la *Gazette des Tribunaux*, quand le voisin, trop confiant, s'en vient tout exprès, à l'heure de minuit, pour se faire surprendre en délit d'adultère et pour signer des lettres de change à son digne voisin... Voilà, certes, ce que je ne comprends pas !

Non, dans un drame habile et bien inventé, la chose ne peut pas se passer ainsi ; non, une honnête femme, une femme d'honneur, et pour tout dire une femme amoureuse ainsi forcée à mentir, ne peut pas supporter si longtemps son cruel mensonge. Aussi bien, quand je vois tomber dans ce piége affreux le malheureux Saint-Mégrin, quelque chose me dit que la duchesse de Guise n'a pas fait son devoir, qu'elle eût dû sauver à tout prix cet honnête gentilhomme. Et puis, une fois que Saint-Mégrin est près de sa femme, pourquoi donc le duc de Guise n'entre-t-il pas tout de suite dans cette chambre ? Comment ! c'est lui, le mari, lui-même, qui fournit ce rendez-vous complaisant à ce rival abhorré! Il enferme (ô le niais!) les deux amants dans sa chambre et tête à tête! il leur donne ingénument tout le temps de se dire : « Je t'aime, tu m'aimes, nous nous aimons! — Non, je ne t'aime pas! — Si, je t'aime! » Et vous voulez nous persuader que M. de Guise était un mari jaloux!

Si, véritablement, le duc de Guise eût été jaloux de M*me* la duchesse de Guise, il eût enfermé Saint-Mégrin entre deux portes, il ne lui eût pas permis même de voir la duchesse éplorée; il eût brisé cet homme à l'instant même, et sans que cet homme eût poussé un seul cri. Mais M. de Guise, à l'exemple de M. Orgon, veut *être sûr des choses*, et il ne semble pas se douter qu'une femme ainsi traquée *a toujours une vengeance prête*. « Ah! que de temps perdu! disait une belle dame espagnole, ah! que de temps perdu!... Ils s'aiment, ils sont seuls, et ils vont mourir! »

L'incident du bras de la duchesse appuyant la porte en guise de verrou est un incident puéril : ce bras charmant est encore un accessoire. Eh quoi! cette femme qui se fait briser le *radius* et le *cubitus*, ces deux fragiles supports de la main droite, pour arrêter les assassins une demi-seconde, elle avait six heures devant elle pour avertir son amant, et elle n'en a pas profité ! En un mot, rien ne se fait naturellement dans cette catastrophe ; il n'y a pas jusqu'à la mort de Saint-Mégrin qui n'ait ses empêchements imprévus. Ils sont là-bas une vingtaine à le frapper : coups de lance et coups d'arquebuse, coups de poignard, rien n'y fait, parce que Saint-Mégrin a sur lui le talisman que le roi lui a prêté. Ce talisman est un accessoire !

La pièce finit comme elle a commencé, par un accessoire : le duc de Guise étouffe Saint-Mégrin avec le mouchoir armorié de la duchesse... un accessoire !

Telle est cette première *composition* de M. Alexandre Dumas, très-prudente, et trop prudente pour un si jeune âge. On y voit déjà plus d'habileté que d'inexpérience, et plus de recherches, plus d'imitations, plus d'arrangements que l'on n'en devait attendre, à coup sûr, de ce commençant qui devait tout brûler. Plusieurs l'ont chicané à propos de quelques *juxtapositions* empruntées au théâtre étranger : ces gens-là ont commis une injustice, et ce jeune homme a démontré, voici tantôt trente-cinq ans, qu'il était, parbleu ! le maître de prendre son bien partout où il croit le rencontrer. En résumé, *Henri III* montrait déjà les brillantes qualités du poëte : une verve éloquente, un vagabondage heureux à travers toutes les passions permises et même à travers les passions défendues, un très-vif esprit, fabuleux, fou, hardi, rapide et subtil, incroyable, et qui ne devait plus se reposer jamais.

« On y croyait, dit Tacite en parlant des crimes de son temps, justement parce qu'ils dépassaient toutes les bornes de ce qui était juste et vraisemblable; *quamvis fabulosa et immania videbantur.* »

VICTOR HUGO

MARION DELORME

Marion Delorme, courtisane du temps de Louis XIII, femme élégante et belle, qui a vu de près toute son époque, qui a vu même de très-près, à ce qu'on dit, car elle n'ose pas en parler, le cardinal-ministre, ce terrible amoureux; Marion est à Blois, dans sa chambre à coucher, devisant de galants propos avec le beau marquis Gaspard de Saverny. C'est bien Marion la courtisane, non pas la courtisane comme l'entend notre chaste époque, qui a défiguré jusqu'à Manon Lescaut, dont elle a fait une femme honnête, mais la véritable Marion, Marion soldat, Marion comtesse, Marion femme de robe, Marion la maîtresse du marquis Gaspard :

« Le monsieur de ce soir est-il riche? »

Voilà comment sa femme de chambre parle à

Marion. Chez Marion il paraît que *chaque soir a son monsieur;* puis Marion, véritable nature de courtisane, et comme pour s'excuser de recevoir chez elle ce monsieur, ce Didier tout court, ce *Didier de rien,* Marion, qui déroge ce soir à ses habitudes, dit à sa confidente : *Je l'aime !* mot charmant qui nous donne tout le secret du drame qui va se jouer devant nous.

Tel est le premier acte : c'est un acte sans façon et vite fait. Quand minuit sonne, Marion renvoie le marquis Gaspard par la porte. Le beau Didier, toujours favorisé, entre par la fenêtre, comme Hernani ; puis il y a entre les deux amants une scène d'amour, amour chaste et passionné, et d'une exaltation toute espagnole, ce qui plaît assez à Marion.

La scène d'amour est interrompue par des voleurs. Le marquis Gaspard, assailli dans la rue, se bat comme un diable. Didier, entendant les assassins, vole au secours du marquis. Le marquis est sauvé ; et comme il veut témoigner sa reconnaissance à son sauveur, il ne trouve rien de mieux et de si simple que de le suivre obstinément chez Marion, au grand déplaisir de Didier, qui, pour ne pas compromettre l'honneur de sa maîtresse, éteint les lumières et se prive de son rendez-vous d'amour.

Au second acte, plus de Marion, plus de scènes d'amour. De bons gentilshommes, morbleu ! bien ignorants, bien nobles, bien fiers, bien méprisant le peuple, bien gorgés d'esprit et de petits vers; moqueurs, railleurs, sceptiques, faisant les beaux et se battant en duel. Ces gentilshommes sont à boire, et naturellement ils parlent des affaires du temps. Or, la grande affaire du temps, c'est le cardinal de Richelieu. Tout absent qu'il est, vous le voyez déjà poindre dans le drame, à peu près comme vous voyez commencer *Tartuffe* dans la scène de M. Orgon. Voilà donc les deux parties du drame bien posées. D'une part, l'amour de Marion la courtisane, l'amour chaste et pur de Didier pour Marion la courtisane; d'autre part, le cardinal de Richelieu et Louis XIII. Puis, quand son drame est posé, l'auteur prend un instant de repos. Il a besoin d'un avant-propos à sa tragédie, et le voilà qui disserte. Malheur à Chapelain! malheur à M. Gombault! malheur à Garnier! Vous vous intéressiez à la jolie fille Marion : c'est bien de Marion qu'il s'agit, ma foi ! C'est de Corneille. A l'époque où se passe le drame, Corneille commence, Corneille a fait *le Cid*. Laissez M. Hugo vous parler de Corneille tout à son aise, et vraiment il en parle bien; vraiment il immole, que c'est plaisir à voir, toute l'Académie naissante à son Dieu à lui. Puis, quand il a jeté sa première colère, vous entendez tout à coup le son des trompettes : ces trompettes arrivent dans la nuit, précédées par des torches. Le héraut proclame un ordre du roi, contre-signé Richelieu. A présent, à Marion, à Corneille, ces deux astres naissants, l'un qui précède la galanterie du grand roi, l'autre qui ouvre la tragédie aux poëtes du grand siècle, succède le cardinal-duc de Richelieu. C'est un nom bien annoncé dans la pièce par le son des trompettes, l'éclat des lumières, et surtout par l'écho du peuple, qui répète avec respect ce grand nom de Richelieu.

Or, dans un moment d'oisiveté et de maladie, Richelieu vient d'imaginer un édit nouveau, un très-bon édit contre le duel, qui lui rapportera à coup sûr et avant peu quelque tête de noble. Le héraut proclame l'édit : *Peine de mort aux duellistes!* Puis il attache l'édit à un poteau et s'en va.

Il fait nuit. Les gentilshommes, violemment interrompus dans leur dissertation littéraire, se mettent à commenter l'édit de Richelieu. Tout à coup entre Didier, entre aussi Gaspard de Saverny : Gaspard toujours riant et gentilhomme, Didier toujours triste, mélancolique, amoureux, regrettant encore son rendez-vous perdu; Gaspard plein de reconnaissance pour l'inconnu qui l'a tiré des mains des voleurs, Didier plein de soupçons jaloux contre Gaspard, qu'il reconnaît au premier son de voix. A propos d'un mot insolent, Didier cherche querelle à Gaspard. L'arme au poing, en garde, Messieurs! Didier, qui n'a pas d'épée, emprunte l'épée de l'Angeli, le fou du roi, et les voilà qui se battent, Didier et Gaspard, sous le réverbère, en présence de l'édit de Richelieu : c'est un combat à mort. Heureusement Marion entend le cliquetis des épées; elle se met à la fenêtre à demi vêtue; elle voit Didier et Gaspard qui se portent des bottes de chevalier errant; elle appelle, elle crie. Le guet accourt, Didier est saisi au collet; quant à Gaspard, il fait le mort; ses amis le couchent sur un lit de pierres, et l'exempt, voyant le cadavre, se dit à lui-même : « Il est bien heureux pour celui-là qu'il soit mort. »

Voilà le second acte.

Au troisième acte, nous sommes à la terre du vieux marquis de Nangis, l'oncle du jeune de Saverny, l'orgueil et l'espoir de sa vieillesse. Le malheureux vieillard vient d'apprendre la mort de son neveu; il est en deuil, il pleure, il se livre à tous les préparatifs des funérailles: le corps de son neveu vient d'arriver au château. Ainsi le poëte entasse la douleur sur la tête de ce vieillard. Un autre que lui, voyant le pauvre homme si désolé, aurait eu pitié de sa douleur; il lui eût fait dire tout bas par quelque confident : « Ne vous désolez pas tant, Monseigneur; Gaspard fait le mort pour éviter le supplice qui l'attend. » Mais M. Hugo ne veut pas : il faut laisser pleurer le vieillard. Bien plus, à cette douleur cuisante, il ajoute encore les sarcasmes d'un jeune fou, ami de Saverny. Cette douleur, il l'irrite à plaisir, et quand le vieillard se retire accablé de désespoir, soyez tranquilles, vous ne resterez pas sur cette douleur : il faut à l'auteur autre chose que des larmes. La scène change : une porte s'ouvre, et le château désolé donne l'hospitalité de la nuit, devinez à qui? A une troupe de comédiens ambulants.

Singulier caprice du poëte! Vous allez voir comment il habille Marion et Didier, comment il met un instant au niveau l'un de l'autre ces deux personnages si divers, comment il les accouple un instant pour les séparer à jamais!

Cette fois Euripide et Scarron, étonnés de se rencontrer, se serrent dans les bras l'un de l'autre. Le sourire du *Roman comique* se mouille d'une larme tombée des yeux de Chimène. A la troupe comique de *Marion Delorme* rien ne manque : voilà le Scaramouche à la panse énorme, le Gracieux à l'habit taillladé et à l'accent gascon, le Taillebras, matamore poltron qui a fait le succès de la vieille comédie, type perdu comme Polichinelle et non remplacé. La troupe est au complet, comme la troupe d'Hamlet; surtout, dans cette compagnie grotesque, remarquez, je vous prie, cette élégante Espagnole et son amant en habit de soie et en dentelles, nobles bateleurs, ceux-ci, qui en veulent aux larmes et à l'émotion du spectateur, comme les autres en veulent à sa folle joie et à ses grossiers transports. Ces deux bateleurs, c'est Didier et Marion Delorme, Didier sauvé par Marion, qui se sauve avec lui. Or, quand il a tous ses comédiens réunis, l'auteur oublie encore une fois son drame. Il enferme dans sa chambre le vieillard qui pleure, il oublie le cercueil vide qu'attendent les funérailles du lendemain. A présent qu'il a fait l'amour chez une fille au premier acte; à présent qu'il s'est battu en duel, en pleine rue, au second acte, et qu'il a suffisamment ri et pleuré au troisième, il trouve que c'est assez de contrainte comme cela... En avant donc les comédiens d'Hamlet! Didier l'amoureux, c'est Hamlet un instant.

L'acte continue ainsi quelque temps. On parle de comédies et de comédiens, on parle d'art et de poésie, on disserte, on discute, on soutient le pour et le contre. Déjà vous avez entendu parler de Corneille et de la tragédie moderne de cette époque ; l'auteur revient encore sur Corneille : c'est son moment de repos, son luxe, son entr'acte à lui. Laissez-le faire, il jette à pleines-mains le sarcasme, l'esprit, le plaisant. Figurez-vous qu'il ne faut pas l'inquiéter, qu'il est son maître, qu'il est capricieux et boudeur de sa nature : soyez dociles, et la docilité est d'autant plus facile en ceci que ce dévergondage ne dure pas. Le poëte n'est pas homme à oublier son drame trop longtemps. Quand les comédiens ont assez parlé, il se souvient de la conversation d'amour du premier acte, interrompue par Saverny. Cette conversation, il se met à la reprendre. Marion et Didier, assis sous un arbre, parlent d'amour comme des Espagnols, fugitif moment où Marion oublie le métier qu'elle a fait. Chaste et pure Marion, qui à peine tend son front aux lèvres brûlantes de Didier! Il est impossible de vous dire l'effet de ces vers brûlants et passionnés; à des scènes écrites ainsi, il faudrait Molé et Mlle Mars. Mais, hélas! cette fois encore la scène d'amour est interrompue : Saverny, malencontreux amant de Marion, futile jeune homme qui ne voit jamais que la courtisane, révèle le nom et l'état de Marion ; et aussitôt le drame recommence de plus belle. Didier, apprenant le fatal secret, sent dans lui-même qu'il est perdu. Et ici vous remarquerez que, si Marion n'est en dernier résultat qu'une variété de la *Courtisane amoureuse,* Didier, placé à côté de cette femme, est une création toute neuve. Didier sait à peine ce que c'est qu'une courtisane ; Didier ne s'est jamais douté qu'une femme dans le monde pût être si belle, si jeune, si naïve, si pure en apparence, et n'être qu'une courtisane. Et ne vous étonnez pas de l'étonnement de Didier : l'étonnement de Didier a été partagé par le XVIIe siècle tout entier, ce dédaigneux XVIIe siècle qui a fait une puissance de Mlle de Lenclos.

Cependant les comédiens sont dans la grange, occupés à faire la soupe et à répéter leurs rôles. M. Hugo, qui ne veut rien perdre, assemble tous les comédiens autour du grand justicier. A l'aide des comédiens, le grand justicier veut découvrir Didier et Marion Delorme ; il fait paraître la troupe comique devant lui : il lui ordonne de chanter, elle chante ; de déclamer, elle déclame. Vient le tour de Marion ; Marion récite le beau rôle de Chimène. Vient enfin le tour de Didier ; Didier, au désespoir, jette de côté son rôle de comédien... Il déclare au lieutenant criminel qu'il est Didier le duelliste, qu'il a tué Saverny. On s'empare de Didier. Saverny, pour sauver son compagnon, déclare au lieutenant criminel que lui, Saverny, n'est pas mort. Imprudent ! il n'est pas mort, mais il est coupable, mais il a violé la défense du cardinal. A la vue de Saverny, le vieil oncle se précipite dans les bras de ce neveu qu'il croyait mort. La toile tombe.

Ainsi, au troisième acte, vous avez déjà pour remplir le drame une fille de joie, un duel, deux dissertations dramatiques, une mort, une résurrection, une évasion, une troupe de comédiens, une reconnaissance, un lieutenant criminel et une arrestation.

Sans compter plus de jolis vers, plus de fines reparties, plus de mots piquants, plus de poésie et d'esprit que vous ne pouvez vous imaginer.

Au quatrième acte, nous sommes chez le roi. Il faut encore livrer tout ce quatrième acte à l'auteur. Abandonnez-lui ce quatrième acte en toute propriété, s'il vous plaît. Silence donc! laissons encore un instant en repos Marion et Didier : nous allons bien voir autre chose que cette pauvre courtisane, si bonne fille au fond du cœur; autre chose que ce jeune homme si innocent et si simple. M. Hugo ne se contente pas de si peu d'ordinaire. C'est un homme qui comprend de préférence les grands pouvoirs, les puissances complètes et inflexibles, les hardis courages que l'histoire nous a montrés inexorables comme le destin.

Ce sont là ses héros et ses dieux. Il aime à se

mesurer de préférence avec le despotisme, sous quelque forme qu'il se présente. Voyez, c'est tour à tour Cromwell, Charlemagne, Louis XI et Richelieu qu'il évoque. Dans *Hernani*, M. Hugo, au beau milieu de son drame, s'en va faire un long pèlerinage au tombeau de Charlemagne, Charles=Quint ne lui suffisant pas. Dans son dernier roman, *Notre-Dame de Paris*, M. Victor Hugo est à jouer sur la place publique avec la Esméralda, élégante sylphide de sa création, légère et blanche comme un rayon de soleil; Esméralda, pauvre fille qu'il élève avec tant de soin; Esméralda, parfumée, rieuse, innocente, coquette, souple et vive, qui rit et qui pleure; Esméralda, qu'il brise ensuite, qu'il torture, qu'il brûle, qu'il immole, forcené qu'il est et impitoyable! Il est donc avec Esméralda ou avec de joyeux bandits bohémiens qui hurlent de joie et qui s'amusent à brûler une église; il est, en un mot, partagé entre les deux passions de sa poésie, le grotesque et le gracieux. Eh bien! le voilà qui tout à coup abandonne Esméralda, et Quasimodo, et sa fable commencée, et le charme de sa narration, pour aller chercher Louis XI. Il se rend à la Bastille chez le roi Louis; il quitte, pour le voir, toute l'unité de son roman : adieu à l'unité, adieu à son roman, adieu à Quasimodo, adieu à Esméralda... Il en finira une autre fois avec eux. Aujourd'hui il faut qu'il voie Louis XI ; il y va de ce pas, attendez-le. Et il y est allé comme il l'a dit, et, pour ne pas l'attendre, nous l'avons suivi chez Louis XI, et nous sommes revenus à Quasimodo quand il lui a plu, et il nous a traités positivement comme ce grand peintre qui voulut à toute force placer la figure de son singe mort à la plus belle place d'un tableau qui représentait une honnête famille de bourgeois.

Le même caprice a saisi M. Hugo dans *Marion Delorme*. Tout occupé qu'il était de ses comédiens, de sa dissertation littéraire et même de sa Marion (car il y pense, bien que ce soit le personnage important de sa pièce), il s'est souvenu, au moment où l'intérêt commence, qu'il y avait à Paris un roi singulier qu'il fallait aller voir, un propre fils de Henri IV, brave de son épée sur le champ de bataille, mais timide et tremblant dans son palais; un pauvre roi absolu, fils de roi absolu, père surtout de roi absolu, qui n'eut jamais une volonté à lui, bonhomme entêté et dévot qui se méprise profondément, et à qui ce mépris pèse comme un crime; aussi timide en présence de sa maîtresse que de son ministre, aussi peu entreprenant près de l'une que près de l'autre, chaste et facile d'esprit par la même raison, l'incapacité et la peur; en un mot, un véritable pantin dont le fil est remué par une main large et forte, sans nul doute. C'était, pour un homme comme M. Hugo, une bête curieuse à voir.

Pour M. Hugo, vous l'avez déjà vu, avoir une fantaisie et la satisfaire, c'est même chose. Le voilà donc entrant chez Louis XIII, dans son drame, comme il est entré chez Louis XI dans son roman, sans autre raison que son caprice; le voilà donc chez Louis XIII, et, en vérité, c'est plaisir de voir comme il étudie, comme il flaire, comme il retourne dans tous les sens ce faible roi, cet atrabilaire monarque, ce quinteux et débile despote. Dans le quatrième acte, Louis XIII est saisi d'une velléité de révolte. Le roi se plaint au duc de Bellegarde, le roi se plaint à son fou, le roi se plaint à tout le monde du ministre. C'est une belle et dramatique étude de cette royauté factice si malheureuse à laquelle Louis XIV mit un terme. Aussi c'est plaisir de voir comment le poëte, se trouvant face à face avec le monarque, s'amuse à le pousser à bout. Le poëte rit au nez du sanguinaire bonhomme; il le presse de mille sarcasmes, il le fait attaquer par toutes les forces réunies, par M. de Bellegarde, le capitaine des gardes, par Mlle Marion Delorme, qui pleure et qui le prie aussi avidement et presque avec les mêmes paroles que la recluse dans *Notre-Dame de Paris* aux genoux de Tristan l'Ermite ; il le fait attaquer par son fou, véritable fou de cour, insolent, bon enfant, haïssant le ministre, aimant le roi, grotesque et burlesque à l'infini. Que si, par hasard, vous avez peur que le roi, poussé de si près, ne devienne tout à fait roi ; si vous avez peur qu'il mette fin au drame commencé en pardonnant aux deux coupables, soyez tranquilles : Richelieu est toujours là, prêt à venir donner un démenti au roi et lacérer de sa main l'acte de grâce. Et, en effet, au cinquième acte le cardinal reviendra.

Cependant, au plus fort de cette divagation poétique à laquelle M. Hugo s'abandonne avec tant de délices, remarquez que toujours, tôt ou tard, le sujet du poëte, c'est-à-dire l'époque qu'il a choisie, se manifeste même à son insu. Ainsi, dans cette étude si belle, mais peut-être peu dramatique de Louis XIII, quand le vieux marquis de Nangis vient aux pieds du roi, implorant la grâce de son neveu, vous vous trouvez tout à coup, et sans vous en douter, au milieu du drame dont vous aviez perdu le fil.

Pour comprendre M. Hugo, c'est dans ses coups de maître qu'il faut l'étudier. A mon idée, rien n'est beau, rien n'est histoire, rien n'est drame comme ce vieux baron féodal, ancien compagnon de Henri IV, qui s'en vient à la cour de Louis XIII entouré de hallebardiers comme l'était Sully, même dans ses jardins. Dieu merci ! voilà enfin la tragédie qui perce dans *Marion Delorme*. Le vieux marquis de Nangis est bien en effet un précieux reste de cette aristocratie hautaine, de ces fiers barons, rois dans leurs terres, souverains de leurs domaines, dont Richelieu a fauché impitoyablement les têtes, ne voulant pas qu'une tête dans le royaume s'élevât plus haut que ses genoux de cardinal.

Et puis il faut voir comment est dessiné ce caractère guerrier, fanatique et paternel du vieux temps de la France; il faut voir comment est représenté sur le théâtre ce noble reste de la chevalerie perdue; il faut entendre les plaintes de ce vieillard qui réclame de Louis les vieux priviléges de sa naissance et de son blason. A mon avis, tout le drame de M. Victor Hugo est dans cette scène, toute l'époque, tout Louis XIII, tout Richelieu, toute une histoire. Pardonnons donc à l'auteur de laisser souvent aller son drame où il peut; pardonnons-lui s'il tient les rênes trop lâches : ce sont là de nobles écarts qui nous font rencontrer à coup sûr une noble passion, une grande figure, ou tout au moins la plus excusable profusion d'esprit qui se puisse imaginer.

Au cinquième acte, M. Hugo revient plus passionné que jamais à ses deux amants, à Marion Delorme et à Didier. Didier va mourir; son compagnon Saverny s'endort, attendant l'échafaud; Didier rêve tout haut, comme Hamlet. Ici la critique peut à bon droit s'emparer du caractère de Didier. A mon sens, Didier, philosophe sceptique à une époque toute de croyance; Didier, jeune homme mélancolique à une époque turbulente, active, belliqueuse, passionnée en dehors; Didier, isolé, sans nom, sans famille, homme du peuple à qui le cardinal-duc fait trancher la tête, honneur de gentilhomme, et dont il s'occupe comme il s'occuperait d'un comte féodal; Didier et sa vaporeuse passion me paraissent un contre-sens dans ce drame historique. Un pareil homme, exalté comme Hernani, bâtard comme Antony, amoureux de l'idéal comme Hamlet, me paraît plutôt un homme du Nord qu'un homme du Midi: c'est plutôt une passion allemande qu'une passion française; c'est un homme qui convient bien mieux à une grande dame, à une jeune fille innocente, qu'il ne va à une courtisane de la vie, des mœurs et du caractère de Marion. Cela est si vrai que dans *Hamlet*, par exemple, et dans d'autres drames bien faits de l'école étrangère, le caractère vivement mélancolique du héros finit toujours par

donner une teinte uniforme à l'action à laquelle
le héros est mêlé : Ophélia meurt folle et se noie
parce qu'elle a vu la tristesse d'Hamlet; Charlotte
envoie, en pleurant, les pistolets de son mari à
Werther. Tout au rebours pour Marion : Marion
reste la même, toujours malgré Didier; mais fille
elle a été au premier acte, fille elle demeure au
cinquième acte, fille elle est pendant toute la pièce;
elle mourra fille. Voyez au premier acte, elle con-
gédie Saverny en riant de sa nouvelle bonne fortune; voyez au quatrième acte, dans une scène
charmante d'ailleurs, elle essaye de tenter le roi
lui-même; elle lui présente sa gorge, où elle a caché les lettres de grâce... Si le roi voulait, s'il n'é-
tait pas Louis *le Chaste,* rien ne coûterait à Marion pour sauver son amant. Au quatrième acte
encore, Marion amoureuse, Marion désolée, Marion se livre au bourreau de son amant; elle dit à
ce juge pervers : *Venez;* elle le lui dit en propres
termes, et, quand elle sort, non-seulement le spectateur sait où elle va, mais encore Didier lui-
même sait d'où elle vient et le lui dit assez crû-
ment.

Mais le dernier sacrifice de Marion Delorme ne
profitera pas à Didier : Didier ne veut pas être sauvé
par Marion. Quand la pauvre fille vient à ses pieds
et se traîne échevelée, lui tendant les bras, Didier

la repousse avec effroi; puis soudain, songeant qu'il va mourir, il revient à elle, il oublie le passé, il ne voit que la pauvre fille qu'il aime, il la serre contre son cœur, puis il va mourir. Quand il est au gibet, passe lentement une grande chaise à porteurs portée par des hommes armés : c'est Richelieu qui va voir ces deux jeunes gens mourir.

Il est difficile de dire quelle est l'impression produite par ce drame étrange. Il y a de tout dans ces cinq actes : du rire, des larmes, de la pitié, de la terreur, et surtout de l'étonnement à l'aspect d'une conception si hardie. Le seul défaut de cette composition est dans sa variété même. Ce drame est tour à tour ode, dithyrambe, comédie, tragédie, préface; plus d'une fois vous oubliez que ceci est une action dramatique. C'est la grande lutte d'un grand esprit contre toutes les opinions dramatiques de son pays, lutte intéressante et belle, sans contredit. La toile se lève, et pendant cinq heures vous assistez moins à un drame qu'à une joute. Le lutteur est jeune, beau, fort, passionné; il arrive, il gronde, il grogne, il rêve, il dort, il éclate, il rit, il s'emporte; tour à tour héros, bouffon, amoureux, philosophe, politique, dissertateur sans fin, comédien haut et bas, au palais du roi et en mauvais lieu, jouant également avec le bourreau et le cardinal, deux hommes rouges; faisant de l'amour avec la courtisane, moqueur, sceptique, méchant, puis versant de douces larmes, puis amoureux jusqu'aux morsures, peuple et gentilhomme, d'une niaiserie d'enfant, d'une profondeur de cardinal-ministre, ainsi est fait le rude jouteur. Le peuple est là qui assiste à ses efforts ; on l'écoute, on le suit du regard, on le suit de l'âme, on l'admire, on le blâme, on le hait, on le trouve grotesque, et bouffon, et sublime, tout ce qu'il est. Lui, toujours libre et fier, marche toujours à son but par monts et par vaux, s'arrêtant pour reprendre haleine, faisant le beau ou grimaçant à plaisir, jusqu'à ce qu'enfin envie lui vienne de toucher le but ; et alors il y est d'un bond.

Singulier privilége de cet homme qui, à force de mépriser son parterre, à force de violences faites au langage reçu, aux règles consacrées, aux convenances les moins disputées, à force de grotesque et de bizarre, arrive à des succès d'enthousiasme à une époque où l'enthousiasme est mort ; homme puissant qui s'est trompé de siècle, qui s'est fait poëte dramatique quand il n'y avait plus ni poésie ni drame ; hardi novateur qui, avant d'atteindre le but qu'il se propose, a tout à faire : son théâtre, ses acteurs, son public, et jusqu'à la critique appelée à le juger.

ALEXANDRE DUMAS

ANTONY

Antony est, si je compte bien, le troisième essai de M. Alexandre Dumas. *Antony* est un mauvais drame; *Antony* est un pastiche habile, adroit et très-vieux du *Fils naturel*; Antony parle comme le héros de Diderot : *Ma naissance est abjecte aux yeux des hommes;* à quoi la maîtresse d'Antony lui répond, comme l'héroïne de Diderot : *La naissance nous est donnée, mais nos vertus sont à nous.* Il serait donc facile de dire en quel lieu M. Alexandre Dumas a puisé le sujet de son drame; il serait plus difficile d'expliquer par quelle suite de raisonnements et de calculs ce jeune homme en est venu à flétrir, dans une pièce en cinq parties, le *gothique préjugé de la naissance,* aujourd'hui où les gens bien nés n'y songent plus guère, et pourquoi donc il se débat si violemment en faveur d'un principe depuis longtemps adopté : l'égalité sociale. La belle affaire, après tout, quand on nous aura démontré pour la vingtième fois que « la grande supériorité entre les hommes, c'est la vertu et le talent » !

Cet Antony est, sans contredit, le plus fantastique des humains que le drame ait mis en œuvre. Il est tombé, il y a trois ans, amoureux d'une jeune personne qui l'aimait de tout son cœur. C'en est fait, les jeunes gens s'adorent, ils vont se marier. Antony demande à sa fiancée quinze jours de répit pour faire un voyage, et pendant trois longues années le jeune homme oublie en effet de revenir. De son côté, l'impatiente Adèle, qui n'a pas reçu de nouvelles de son prétendu, au lieu de se désoler et d'attendre, comme cela devrait être en belle et bonne passion, épouse assez tranquillement M. le colonel d'Hervey; même, pendant ces trois années d'absence, elle donne à son mari une charmante petite fille qu'Antony veut enlever avec la mère. Telle est la position de Mme d'Hervey au lever du rideau. Tout à coup elle reçoit une lettre au *timbre de Paris,* c'est-à-dire par la petite poste; elle reconnaît sur-le-champ la devise d'Antony, imprimée sur le cachet : *A présent et toujours!* Cette lettre l'inquiète assez peu au premier abord. Mme d'Hervey est épouse et mère; elle sait son devoir, elle ne recevra pas Antony; elle va sortir, elle sort, tout est sauvé! Mais il paraît que cette dame a des chevaux neufs ou un cocher très-maladroit, car les chevaux s'emportent... Elle va périr! Tout à coup un homme s'élance dans la rue, il arrête les coursiers, il reçoit le timon dans la poitrine. Mme d'Hervey est sauvée, et son sauveur, évanoui, est transporté... justement sous le vestibule hospitalier de cette maison.

Pendant qu'on pose le premier appareil sur la poitrine du blessé, Mme d'Hervey, en femme prudente, est bien aise de savoir quel est donc ce héros qui l'a sauvée. Alors, par une hardiesse au moins étrange, on fouille dans les poches de l'homme évanoui, et l'on trouve 1° une lettre d'amour, 2° un portrait, 3° un poignard. Un poignard! A cette lettre, à ce portrait, à ce poignard, Mme d'Hervey, toute émue, s'écrie : « Ah! c'est lui! » Elle eût certes mieux fait de le reconnaître à sa belle et bonne action.

Cependant Antony est resté sous le vestibule. Le médecin qui l'a saigné trouve l'appartement peu hospitalier, et le fait transporter, de sa propre autorité, non pas dans une chambre de l'hôtel, mais tout simplement dans le salon. On étale, en effet, le blessé sur un canapé. Il est encore évanoui, malgré l'abondante saignée qu'on lui a faite. Le médecin recommande bien fort qu'on éloigne du malade toute émotion : c'est pourquoi Mme d'Hervey reste seule à son chevet, parlant tout haut, se plaignant de sa destinée, et prononçant tendrement le nom d'Antony !

A ce nom, Antony se réveille. « Oui, dit-il, je suis Antony, je n'ai pas changé de nom, moi ; mais, vous, vous portez le nom d'un autre. » Et voilà un homme au désespoir, qui ne songe pas à expliquer pourquoi donc il est resté absent pendant trois ans, et pourquoi il est revenu. De son côté, la dame, indifférente à toute explication, ne songe pas le moins du monde à demander à ce bel amoureux pourquoi donc il est resté si longtemps sans revenir. Cela dure ainsi jusqu'à ce qu'enfin Mme d'Hervey dise au bel Antony, bien doucement, qu'il faut la quitter ; que sa présence dans son hôtel, son mari absent, pourrait la compromettre, et qu'il n'est pas assez malade pour rester plus longtemps chez elle. « Ah ! je ne suis pas assez malade ! » s'écrie Antony furieux. En même temps il arrache l'appareil de sa blessure. En le voyant sitôt rétabli, le public avait pensé d'abord qu'Antony en avait été quitte pour une simple contusion ; cette *contusion* est bel et bien une *plaie*, et notre héros tombe encore une fois sans connaissance. Cette fois il sera couché dans un bon lit de cette bonne maison, malgré la pruderie de la maîtresse de céans.

Au second acte, après cinq jours de maladie, Antony est sur pied. Il arrive, il déclame, il se met aux genoux de la femme adorée. Il pleure, et puis il rit, disant : « *C'est drôle, je pleure et je ris. Un homme pleurer !* » Puis ils se regardent et se disent : « Antony, Antony ! » Et elle répète : « Antony, Antony ! » Vous diriez d'une passion italienne au moyen âge; vous diriez d'une traduction de Schiller, quand Schiller se passionne au souvenir de Shakespeare. Hélas ! l'héroïne elle-même du drame, quand elle a bien crié : « Antony, Antony ! » elle se relève tranquillement, prend son chapeau, demande des chevaux de poste, et s'en va à Strasbourg retrouver son mari, en bonne mère de famille, sans trop s'inquiéter de la passion de son Werther.

Il faut dire que ce second acte est rempli de déclamations qui nous semblent vraiment des déclamations de l'autre monde. On y parle de l'humanité, de la nature, du cœur et de toutes ces vieilles rocamboles à la Diderot, dont le XVIIIe siècle a tant abusé qu'on n'ose plus les écrire. En quelle langue et dans quel lieu se parlent et se passent toutes ces choses? On regarde sur la scène, et l'on est tout étonné de trouver des gens vêtus à la mode bourgeoise de 1830. On écoute avec une certaine stupeur ces phrases sonores, qui roulent, qui grondent, qui ronflent, qui s'étalent à l'aise, et que pourtant on écoute... On croirait à un sermon saint-simonien.

— Le troisième acte est plus étrange encore. Nous sommes à deux lieues de Strasbourg, dans une auberge et sur la grande route. Entrent alors dans ce lieu, disposé pour tous les crimes de l'amour, un homme et son laquais. L'homme est Antony! Voyez la passion! sa maîtresse est partie avant lui, une nuit à l'avance, et c'est lui qui maintenant va le premier! Arrivé à cette auberge, il achète, argent comptant, une voiture qui attend un chaland sous la remise; il retient toute l'auberge pour lui, comme le sénéchal dans *Jean de Paris*; il fait atteler les quatre chevaux qui sont dans l'écurie à cette voiture... Il ordonne à son domestique d'aller à Strasbourg, de suivre tous les pas du colonel d'Hervey, et de partir quand il partira, de s'arrêter où il s'arrêtera; même il promet à ce fidèle serviteur *cent francs* par chaque lieue de poste qu'il fera en précédant le colonel. Cette prime de cent francs a paru mesquine chez un homme qui, comme Antony, a ses poches pleines de bourses d'or qu'il distribue avec la facilité d'un sultan. Cela est si vrai qu'au cinquième acte le valet d'Antony ne précède le colonel que d'une lieue, ce qui fait une récompense totale de cinq louis !

Antony, resté seul, se livre à ses déclamations chéries : « Me fuir ! Elle me fuit ! La cruelle ! Elle aura voulu se moquer de moi ! Elle va tout raconter à son époux, et ils riront de mes tourments *entre deux baisers !* » Au second acte, Antony, qui est un moraliste, a déjà fait un long raisonnement sur la fatalité : *Si je n'avais pas été me promener à cheval, tel jour, au bois de Boulogne, je n'aurais pas fait la connaissance de mon Adèle.* Eh ! mon Dieu ! oui, Monsieur, Pascal l'a dit avant vous : « Un grain de sable placé là !... »

Cependant notre héros étudie avec le coup d'œil d'un amoureux l'appartement où il se trouve, et il constate qu'il a sous les yeux deux chambres communiquant l'une avec l'autre par une seule porte, et la porte de communication se fermant par un verrou. Dans l'alcôve, aucune issue ! Heureusement il existe un balcon au dehors qui conduit d'une chambre à l'autre... Ainsi, voilà qui va bien. Voyez cependant le grand rôle que joue en ses trois premiers drames le verrou de M. Alexandre Dumas : dans *Henri III*, la duchesse de Guise cherche un verrou pour sauver son amant, et se verrouille avec son bras ; dans *Christine,* Monaldeschi cherche un verrou; Antony étudie avec soin les verrous de l'auberge; Mme d'Hervey, en entrant dans sa chambre, pousse le verrou.

Ainsi que vous l'avez prévu, la pauvre femme est forcée de coucher dans ce coupe-gorge faute de chevaux. Ce que vous n'avez pas prévu, c'est que cette dame, la femme d'un colonel qui va rejoindre son mari, n'ait pas songé à amener avec elle une femme de chambre; elle est seule avec une lumière; à peine elle prend le temps de faire un petit monologue...; enfin, elle va se mettre au lit, juste au moment où l'implacable Antony entre chez elle, par le balcon, en cassant une vitre. La pauvre femme en vain crie *Au secours!* Antony la pousse au fond de l'alcôve, une alcôve sans issue. Et voilà comment on perdait une femme en ces temps fabuleux!

Vous voyez d'ici l'étonnement et l'épouvante du spectateur à ces violences, à ces nouveautés?

Il est impossible de prévoir le quatrième acte, et ce quatrième acte est toute une comédie. Il se passe chez une dame qui, de son propre aveu, a déjà eu trois amants en trois mois : un financier, un médecin et un poëte... romantique! Cette dame réunit pourtant la société la mieux choisie, et ce jour-là elle reçoit *tout Paris*. Le salon se remplit peu à peu; on s'assied, on fait cercle, on voltige, on papillonne; enfin on parle de la littérature à la mode. En ce moment, vous vous imaginez que le drame est fini, que tout s'arrête au troisième acte, que l'alcôve adultère ne lâchera pas sa proie, et que vous assistez à la petite pièce...

Détrompez-vous : sous ces apparences frivoles, le drame continue, et même il marche. Avec une habileté très-grande, l'auteur d'*Antony* a placé la préface de son drame au quatrième acte, et là il explique aux spectateurs ébaubis tout son système et tout son plan littéraire. Elle est un peu longue, elle est assez vivante, cette préface d'*Antony*. L'auteur s'y moque, avec une grâce toute juvénile, du vieux *Constitutionnel*, un vrai pouvoir! « Mais le *Constitutionnel!* » Et l'on rit... et tant l'on rit que le *Constitutionnel* ne rit guère!

On parle ainsi de la poésie et des poëtes jusqu'à l'arrivée d'Antony. Quand Antony entre enfin, une dame de la société est fort occupée à médire de Mme d'Hervey. A cette médisance, Antony s'approche de la dame : « Madame, lui dit-il, avez-vous un mari ou un frère avec qui je puisse me couper la gorge? » Et comme cette dame est venue seule à ce bal, Antony, ne pouvant se venger sur un homme, se venge sur la belle médisante, il la traite comme la dernière des femmes, et la force de quitter le bal. Alors les danseurs se répandent dans les salons voisins, Antony et sa maîtresse restent tout seuls, sans doute pour détruire les bruits qu'on fait courir. Il paraît que l'aventure de l'auberge n'a pas offensé Mme d'Hervey, ou du moins qu'elle a tout pardonné.

Quoi d'étonnant qu'elle pardonne? elle aime; elle est dans le délire le plus complet; même dans ce salon maussade où elle vient d'être insultée, elle se livre à sa passion d'amour. C'est à peu près la belle scène espagnole d'*Hernani*, avec toute la différence de la prose vulgaire aux plus beaux vers.

Tout à coup, ce n'est pas le cor qui sonne! eh! c'est mieux que le cor : c'est le domestique d'Antony qui accourt. O surprise! ô malheur! M. le colonel d'Hervey revient de Strasbourg! Que faire et que devenir? Antony n'en sait rien, il se trouble; il n'a rien prévu, le malheureux!

La scène change encore. Mme d'Hervey est rentrée chez elle. Tout à coup Antony accourt: «Votre mari arrive de Strasbourg! s'écrie Antony.— Mais je suis perdue, moi! » s'écrie Mme Dorval, et rien ne peut rendre, avec la douleur, le trouble et l'accent de Mme Dorval, s'écriant : *Je suis perdue!* Elle est ivre, elle est folle; elle fait pitié, elle fait peur! *Oui, tu es perdue!* dit Antony, *sauvons-nous!* A quoi elle répond, cette femme attaquée, et si vivement attaquée, il n'y a qu'un instant, dans ce vilain salon bourgeois : *Je ne veux pas fuir, je tiens à ma réputation.* Cependant le danger approche, le colonel monte l'escalier. Antony ferme la porte du salon au verrou, et il tire son poignard.

Car j'ai oublié de vous dire que, revenu de sa maladie, il a retrouvé son poignard dans sa poche: précaution touchante de son Adèle ! Il tire même ce poignard au troisième acte, au milieu d'un monologue ; il plonge en même temps cette *bonne lame* dans une table de sapin ; la lame enfonce.. Antony se dit à lui-même : *Eh ! la lame est bonne !* Enfantillages que le parterre trouve charmants.

Sans doute aussi il aura retrouvé la lettre et le portrait de son amie, et la trouvaille aura son danger quand la justice le fouillera au cinquième acte ; toutes choses auxquelles Antony n'a pas songé, non plus que Mme d'Hervey.

Quoi qu'il en soit, on entend monter le colonel... *Scandit fatalis machina*... Mais quoi, ce bon colonel *au retour imprévu*, rien ne vient à sa rencontre, et la porte est fermée. « Ouvrez ! ouvrez ! ouvrez ! » A cette voix irritée, impérieuse, les deux amants n'ont garde de répondre. Antony fait asseoir sa maîtresse sur une chaise ; il tire son petit poignard et la frappe au cœur ; le poignard enfonce alors comme dans le sapin : la lame est bonne. Le cadavre reste assis, sans aucune espèce de convulsion.

En ce moment les portes sont enfoncées, le mari trouve et reconnaît sa femme morte. *Je viens de la tuer avec ce poignard*, dit Antony : *elle me résistait.* Singulière façon de conserver la réputation d'une femme ! On s'empare alors d'Antony, la toile tombe ; et, tout ému de ce spectacle étrange, épouvanté de ces fureurs, vous cherchez à deviner quel est donc ce drame incroyable qui commence comme un roman de M. de Kératry, qui se développe et qui parle comme un drame de Diderot, qui se dénoue comme une tragédie de M. Victor Hugo. Éléments qui se repoussent, passions qui sont devenues impossibles ; préjugés vaincus depuis longtemps ; style heurté, brillant, violent, téméraire, illogique et furibond ; héros mêlés d'enfance et de rouenes inqualifiables ; ici Berquin et là Suétone ; un mélange incroyable et puissant des éléments les plus contraires : le héros pleure et rit à la fois, aime et poignarde en même temps ; il se met à genoux devant sa victime, et il la viole.

A son tour, l'héroïne est également indéfinissable : elle aime, elle hait ; elle pleure, elle rit ; elle est dans l'abîme, elle est au ciel ; elle reste et s'en va ; elle court après son mari, et cependant elle tombe au bras de son amant; elle tremble au hasard, et elle se livre au hasard; elle a déshonoré sa vie, et, grande logicienne qu'elle est, elle meurt en tête-à-tête avec son amant ! Enfin, tant de pleurs, tant d'ivresse et tant de crimes, tant de sanglots et tant de larmes, et tant de prodigieux efforts pour arriver à cette femme qui meurt poignardée, à ce mari qui arrive si tard, à cet amant forcené qui commence comme un fou, qui finit comme un assassin !

(*Post-scriptum* écrit en 1857 :)

Antony, dans l'œuvre de M. Alexandre Dumas, est comme un de ces points culminants que les faiseurs de paysages ont soin de placer dans les jardins de leur fantaisie. *Antony* est un des grands succès de notre auteur dramatique; il a fait un bruit du diable ; il a créé une race de beaux ténébreux; il est le véritable point de départ de Mme Dorval ! — Maintenant que l'œuvre est jugée, et qu'elle a pris la paisible et solennelle apparence des choses violentes que le peuple sait par cœur, et dont toute violence a disparu, on peut certainement parler d'*Antony*, comme on ferait pour un drame de l'autre monde, et dont l'auteur serait mort depuis cent ans.

VICTOR HUGO

LUCRÈCE BORGIA

Voici l'un des plus éclatants succès que l'histoire du théâtre ait enregistrés depuis longtemps ; d'unanimes suffrages ont accueilli l'œuvre nouvelle de M. Victor Hugo. L'auteur de *Le Roi s'amuse* en appelait hier au seul juge naturel en de telles questions, au public : le juge lui a rendu justice.

Ce n'est pas que les esprits délicats, ou, si vous aimez mieux, les esprits mécontents, arriérés, rétrogrades, comme enfin il vous plaira de les nommer, ne puissent en quelques parties reprendre de graves défauts ; soutenir envers et contre tous que les préparations manquent parfois, et que l'auteur justifie mal de choquantes invraisemblances en faisant dire à quelqu'un de ses personnages : « Il est bien singulier que nous soyons ici, que nous agissions de cette sorte » : moyen de tragédie commun et facile ; ce n'est pas que ces juges sévères ne puissent ajouter que M. Hugo a fait trop usage, au dernier acte, de la représentation extérieure ; qu'il a donné trop de part au machiniste dans son succès ; qu'il pouvait parler moins à nos yeux, lui qui parle si bien à notre esprit ; qu'il faut au théâtre montrer la mort dans sa triste et philosophique idée, et non pas ses signes matériels, la bière de sapin, les cierges allumés pour la dernière fois, et le drap noir qui cache l'être insensible. Ils diront encore, ces critiques, à plaindre sans doute, car ils n'admirent qu'après avoir réfléchi, et réfléchir est chose si pénible ! ils diront que ce drame ne remplit que l'une des deux conditions de l'œuvre tragique ; car ce drame a pour lui l'horreur ; mais la pitié, la douce et tendre pitié, lui manque. Horreur et pitié, c'était la double loi du théâtre au temps de Sophocle et d'Euripide, la loi que cherchait l'auteur de *Phèdre*. Mais en même temps, tous les esprits, quels que soient leurs préjugés ou leurs règles dans l'examen, doivent reconnaître que la tragédie de *Lucrèce* est remplie de beautés supérieures, de situations neuves et saisissantes ; que, si elle n'arrive pas assez souvent aux émotions du cœur, elle émeut toujours la curiosité ; que l'art enfin ne saurait, si ce n'est mieux faire, du moins agir plus puissamment dans un siècle de décadence.

Je n'ai pas besoin de dire ici ce qu'était Lucrèce Borgia : les annales contemporaines l'ont calomniée sans doute, car la vie d'une femme ne saurait suffire à tant de crimes. L'inceste avec son père et ses deux frères, l'avarice, l'adultère, l'empoisonnement, l'assassinat, le meurtre de ses maris, enfin tout ce que l'histoire antique a divisé de forfaits dans la famille d'Œdipe et dans la maison des Atrides, l'histoire moderne le réunit et l'accumule sur la tête de Lucrèce Borgia. Quoi qu'il en soit, par la croyance générale, par la tradition, cette femme est devenue un des personnages les plus dramatiques de la société moderne. M. Hugo a donc bien fait d'admettre tout ce qu'on impute d'abominable à sa mémoire; il a fait mieux encore, il en a tiré une grande et puissante leçon de morale. Il a supposé que dans cette âme empreinte de tant de souillures, déshonorée de tant de vices, flétrie de tant de crimes, un seul et noble sentiment, l'amour maternel, était resté; mais parce qu'elle a été fille coupable, sœur coupable, épouse coupable, il ne lui est pas permis d'être mère. Le retour vers la seule vertu qu'elle puisse encore espérer lui est interdit. A celle qui fut la maîtresse de son père et de ses deux frères, il fallait un haut châtiment et digne de tels désordres ; M. Hugo l'a trouvé : elle meurt de la main du fils qu'elle aime comme peut aimer la meilleure et la plus vertueuse des mères. C'est, je le répète, un noble enseignement donné par le théâtre; c'est là un bel usage de la pensée.

L'action, du reste, est fort simple, et nul incident ne vient guère en compliquer la marche.

Au premier acte, nous sommes à Venise; sur une terrasse, de jeunes seigneurs s'entretiennent des malheurs qui désolent l'Italie; et parmi ces malheurs les crimes des Borgia trouvent leur place naturelle.

Le récit de l'un d'eux captive surtout l'attention générale; c'est l'histoire d'un noble seigneur jeté dans le Tibre, il y a vingt ans, et dont jamais on n'a su le nom. Un seul des cavaliers reste indifférent à ces lugubres récits, et s'endort sur un banc.

Ce cavalier se nomme Gennaro : il est le fils de ce seigneur jeté la nuit dans le Tibre, et de Lucrèce Borgia; mais il ignore sa naissance. Officier de fortune engagé au service de Venise, dans sa vie aventureuse il n'a qu'un souci, qu'une peine, c'est de retrouver sa mère; mais tous ses efforts ont été vains : seulement une lettre qu'il reçoit de cette mère chérie, le premier de chaque mois, lui apprend qu'elle vit encore, qu'elle l'aime et le protége partout où il porte ses pas.

Cependant les jeunes seigneurs vénitiens se sont retirés; une femme vient et s'entretient quelques instants avec un homme, le confident ou plutôt le ministre de ses cruelles volontés. La femme est Lucrèce Borgia; l'homme a nom Gubetta. Pour la première fois, Lucrèce lui donne des ordres de clémence : c'est qu'elle a revu son fils, c'est que son fils est là; c'est que la miséricorde est entrée dans son âme avec le bonheur de voir son fils.

Gubetta s'éloigne, et Lucrèce va réveiller Gennaro, qui d'abord ne voit dans cette aventure qu'une de ces bonnes fortunes alors si communes à Venise. Mais quelques mots sur sa mère le ramènent à d'autres pensées; Lucrèce, attendrie, est prête à révéler son secret, quand au nom de Borgia, prononcé par hasard, le noble jeune homme est saisi d'une horreur si profonde que sa mère s'arrête épouvantée et recule devant l'aveu de son infamie.

Cependant cet entretien du fils qui ne connaît point sa mère, et de la mère qui n'ose se faire connaître de son fils, avait eu des témoins animés de passions différentes. C'est d'abord le duc Alphonse d'Est, mari de Lucrèce; il l'a suivie secrètement à Venise pour épier ses démarches, et, la voyant seule, la nuit, avec Gennaro, il ne doute point de son déshonneur, et va préparer sa vengeance contre tous les deux.

Ensuite, d'un balcon voisin, Jeppo, l'un des amis de Gennaro, a reconnu Lucrèce lorque, démasquée, elle lui parlait; et Jeppo, qui craint pour les jours de son ami en le voyant tomber dans les mains de cette femme redoutable; Jeppo, qui, ainsi que tant d'autres, a droit de lui demander compte du sang de sa famille, va prévenir les autres seigneurs. Ils arrivent, et là vous assistez à une des belles scènes de notre théâtre. Éclairés par des flambeaux, ils s'avancent. « Moi, lui dit l'un, je suis le frère du duc de Gravina, que vous avez fait étrangler. — Moi, le neveu de Vitelli, poignardé dans vos cachots. — Moi, le cousin de Petrucci. — Moi, le neveu d'Iago d'Appiani. — Moi, celui de Gazella, tous tombés sous les coups de vos sbires, ou les atteintes de vos poisons. »

Puis enfin l'un d'eux lui arrache son masque en lui disant son nom, parce qu'il ne trouve pas de plus cruelle injure, et Lucrèce tombe à leurs pieds, rougissant moins de tous ses crimes que de les voir dévoilés aux yeux de celui que désormais elle ne peut plus nommer son fils et presser sur son cœur. Ainsi se termine le premier acte ; il a produit un effet qu'on ne saurait exprimer.

Le second retrouve à Ferrare les mêmes personnages, Lucrèce Borgia, le duc Alphonse, Gennaro et ces cinq gentilshommes qui, à Venise, ont si vivement outragé Lucrèce. Il semble peu conforme à la prudence vénitienne qu'après une insulte aussi publique, ils viennent tous ensemble dans une ville soumise au duc Alphonse, ou plutôt à Lucrèce ; car c'est elle qui règne en effet. Je sais bien que l'auteur donne pour raison qu'ils sont envoyés par la république de Venise, que la république sait faire respecter ses ambassadeurs, et qu'il faudrait une main bien hardie pour leur ôter un cheveu de la tête. C'est là une faible excuse ; et ce qui semble plus singulier encore, c'est qu'à Ferrare ils ne témoignent guère plus de respect pour Lucrèce que s'ils étaient en sûreté dans leur patrie. Mais celui parmi eux qui montre le moins de ménagement, c'est Gennaro ; il va jusqu'à insulter les armes, ou plutôt le nom de la maison Borgia : avec son épée, il détache la première lettre de ce nom inscrit sur la façade du palais ; ainsi le palais Borgia devient le palais de l'orgie.

Ce jeu de mots me semble assez misérable, et l'effet en a été médiocre ; mais de ce moyen vulgaire est sorti un grand et tragique mouvement. Lucrèce, indignée, va demander vengeance au duc son mari de son déshonneur. Le duc lui demande quelle punition elle exige. — « La mort ! dit-elle. — Qu'on amène le coupable ! » répond le duc. Le coupable est amené : c'est Gennaro. Ainsi Lucrèce a condamné elle-même son fils à la mort.

Ceci est neuf, élevé, pathétique ; ceci est surtout original. Mais peut-être n'était-il pas possible de sortir par des moyens naturels d'une aussi terrible situation. Voyons ce qu'a fait M. Hugo.

D'abord la duchesse demande à son mari un entretien particulier ; il l'accorde à sa femme, qui, par la séduction la plus adroite, la menace la plus terrible, tâche de lui arracher la grâce de Gennaro. Le duc, témoin de la scène nocturne de Venise, refuse le pardon, car il croit satisfaire à son propre honneur, il croit punir l'amant de sa femme ; et pour qu'elle soit atteinte du même châtiment, « c'est vous, lui dit-il, qui verserez le poison. »

Aussi bien Gennaro est ramené ; le duc l'interroge, il avoue sa faute, et répond avec une noble simplicité ; le duc feint de lui accorder son pardon ; Gennaro le remercie et lui apprend alors que, dans un combat près de Vicence, il a sauvé la vie à son frère Hippolyte d'Est. En hôte généreux, le duc lui offre un verre de vin de Syracuse ; mais ce vin c'est du poison, c'est le poison des Borgia, et il exige que Lucrèce elle-même présente le verre à Gennaro. Lucrèce obéit.

Voilà, je l'avoue, ce que je ne saurais admettre : non, jamais une mère n'a empoisonné son fils. Mais cette mère, c'est Lucrèce Borgia ! Cela est vrai ; mais Lucrèce Borgia, lorsqu'elle a dans l'âme un sentiment de vertu, doit le porter à l'excès, comme elle a porté le crime jusqu'à l'exagération ; et parce qu'elle a été la plus odieuse des femmes, elle doit en être alors la plus noble, la plus grande. Elle doit se jeter aux pieds de son mari, reconnaître son fils, avouer tous ses désordres ; elle doit boire le poison, mais non le donner à son fils.

Elle le donne pourtant ; Gennaro cependant n'en meurt point. Le duc la laisse seule avec lui, car son châtiment à elle sera de le voir mourir. Alors, elle offre à Gennaro un contre-poison que d'abord il refuse. En effet, un contre-poison donné par Lucrèce Borgia, n'était-ce pas chose effrayante ? Vaincu cependant par les instances de Lucrèce, il l'accepte, et sort du palais.

La quatrième et la cinquième partie, ou, si vous aimez mieux, le cinquième acte, est rempli par la vengeance de Lucrèce, vengeance qui retombe sur elle-même. Les étourdis qui l'ont insultée à Venise, qui la bravent encore à Ferrare, sont invités à un bal pour le soir même chez la comtesse Negroni. Cette comtesse est une de ces femmes que les reines et les duchesses de ce temps-là employaient dans leurs plaisirs comme dans leurs colères. Ils ont accepté : Gennaro seul n'a pas été convié; tout lui fait un devoir de partir, et le péril auquel il vient d'échapper, et les prières de Lucrèce, et la vengeance prompte et terrible d'Alphonse, s'il sait que son ennemi lui a échappé. Il reste cependant, et se laisse entraîner au bal par son ami Maffio.

Ce bal est brillant; c'est l'Italie du XVIe siècle dans tout son luxe et toute sa débauche : les esclaves mores, les femmes en riche toilette, les hommes couronnés de fleurs, rien ne manque; aussi l'orgie est-elle complète, si complète même qu'une affreuse querelle s'engage, et que les femmes s'enfuient, et nul ne demeure plus dans la salle du festin, hors les gentilshommes de Venise et Gubetta, l'assassin à gages de Lucrèce. Cependant les buveurs se réconcilient, et l'un d'eux entonne une chanson à boire : mais, entre deux refrains, un autre chant se fait entendre : c'est le chant des morts. D'abord les jeunes fous s'en alarment peu; puis cependant, comme les sons lugubres arrivent plus distincts et plus effrayants, l'un d'eux essaye d'ouvrir une porte au fond du théâtre; elle cède bientôt à ses efforts, et laisse voir une chapelle tendue en noir, et deux files de moines à la figure voilée qui descendent sur le théâtre et viennent se ranger autour de la salle de bal. « Nous sommes chez le démon, dit en riant l'un des convives. — Vous êtes chez moi ! s'écrie alors Lucrèce, et je viens vous annoncer que vous êtes tous empoisonnés. » Puis, reprenant, par une horrible contrepartie, la scène de Venise : « Toi, vas rejoindre ton neveu. Toi, ton frère. Toi, ton oncle. Toi, ton cousin. Fête pour fête, Messieurs ! » Ici la salle entière s'est levée dans un juste mouvement d'admiration. Je ne sache pas en effet d'ouvrage dramatique où la fin se trouve liée au commencement par un retour plus heureux.

Peut-être la terreur était-elle portée si loin qu'elle n'aurait pas dû s'arrêter là ; et quand Lucrèce ajoute : « J'ai eu soin de vos corps, Messieurs », et que les moines, en s'écartant laissent apercevoir cinq cercueils, cette sorte de fantasmagorie a-t-elle quelque chose de si épouvantable qu'un goût judicieux n'en doit pas faire une ressource de l'art dramatique.

Mais c'est une condition singulière du talent de M. Hugo que de ses défauts même il jaillisse toujours quelque beauté qui les rachète. Ainsi, à ces paroles affreuses, antihumaines, de Lucrèce : « Comptez bien les cercueils ; il y en a cinq, Messieurs », une voix répond : « Il en faut un sixième, Madame. » C'est la voix de Gennaro, la voix de son fils qu'elle croyait parti, et qu'elle a empoisonné sans le savoir.

Alors elle ordonne que tous s'éloignent, et reste avec lui.

Elle lui demande s'il a conservé la fiole de contre-poison qu'elle lui a donnée le matin. « Oui, répond-il, la voilà; mais en reste-t-il assez pour mes amis et moi?—Assez à peine pour vous. » Alors il jette la fiole, et saisit un couteau pour la tuer. Elle se jette à ses genoux, le supplie, lui demande grâce; il est près de céder quand il entend un cri de son ami Maffio, de son compagnon d'armes, qui expire et lui demande vengeance. Hors de lui-même, il la frappe, et alors de la bouche de Lucrèce sort ce cri terrible : « Ah! tu m'as tuée, Gennaro! Je suis ta mère! »

On ne saurait juger en une seule fois un ouvrage de si haute portée; je reviendrai donc dans d'autres articles sur les détails, sur les mœurs, sur le style. Aujourd'hui je ne parle que de l'impression que ce drame a produite dans son ensemble. Cette impression a été vive et forte; seulement il m'a semblé que l'idée du crime, de l'inceste, de l'assassinat, dominait trop exclusivement; que l'esprit était mal à l'aise au milieu de ces horreurs sans compensation; qu'on aurait voulu se prendre quelquefois à des pensées douces et consolantes;

enfin, comme je l'ai dit plus haut, que la pitié a été trop sacrifiée à l'horreur.

Lucrèce Borgia n'est pas moins l'ouvrage le plus remarquable peut-être du théâtre moderne. C'est une heureuse tentative, sinon dans la bonne et véritable voie, du moins dans la voie nouvelle; une bataille gagnée par l'école moderne. Mais, grand Dieu! que d'absurdités cette victoire coûtera au parti vainqueur!

FÉLIX PYAT ET A. LUCHET

ANGO

A la fin, la cour d'assises se repose; le grand drame est fini! Pendant toute une semaine nous avons attendu le dénoûment, avec quelles palpitations de cœur, vous le savez! Mais aussi quel intérêt immense! que de mystères! quel pathétique sujet! et quels acteurs! Nous nous souviendrons longtemps de cette scène à l'heure de minuit, scène touchante et terrible, quand nous avons vu tout d'un coup s'avancer d'un pas ferme devant ses juges la pâle et blanche figure de cette jeune fille outragée, qu'on eût prise pour l'Ophélia de Shakespeare. — C'était l'heure solennelle de sa raison, c'était l'heure de sa force mentale, c'était l'heure aussi de sa justice. Aussi personne, dans la vaste salle silencieuse, remplie, à demi éclairée, n'a pu soutenir ce regard. Pauvre enfant, si forte en présence du tribunal! C'est bien elle qui pouvait dire, en montrant l'accusé : *J'ai passé, il n'était plus!*

Donc, après ce drame Laroncière, faites des drames, entassez à plaisir des émotions violentes sur des émotions terribles, préparez avec soin vos événements de coulisses et de théâtre, serrez avec force le nœud de votre fable, arrangez violemment votre catastrophe et arrosez-la de sang. Pauvres dramaturges! vous prenez une peine inutile. Le premier crime de la nuit dernière va laisser bien loin toutes vos inventions puériles. — Votre spectateur, de glace à votre théâtre, sera tout de feu à la cour d'assises; et vos acteurs, quelle misère, si vous les comparez à ces voix puissantes et convaincues! Celui-ci élève la voix pour attaquer, celui-là pour défendre, cet autre pour résumer les débats. Vos acteurs! mais que sont vos acteurs, comparés à la parole de M. Odilon Barrot, à l'entraînement plein d'animation de Mᵉ Chaix d'Est-Ange; au regard, au geste, à la voix, aux larmes de Mᵉ Berryer? Vos acteurs! votre drame! ce sont de misérables parodies de ce qui se passe aux assises, entre ces deux familles puissantes, et que sépare un crime! Comme aussi, comparez donc les rares spectateurs de vos salles de spectacle, auditeurs inattentifs et blasés, pour lesquels vous n'avez plus assez de poisons, assez de meurtres, assez de viols, à cette assemblée d'hommes et de femmes qui se pressent, qui s'entassent, qui s'étouffent dans l'étroite enceinte des assises! Là véritablement vous trouverez l'intérêt, la pitié, la passion, les larmes et la terreur. Là on tremble, on pâlit, on frissonne, on écoute, on regarde, on ferme les yeux pour mieux voir; les âmes sont en suspens, toute passion commune est arrêtée, tout besoin vulgaire est oublié; il y a même des femmes qui ont oublié qu'elles avaient, ce jour-là, une belle robe de mousseline à fleurs, et qui à défaut de siége se sont assises sur les dalles poudreuses du tribunal! En présence de pareils événements, on comprend fort bien que toute chose ait été suspendue, qu'on n'ait plus eu d'attention pour personne, ni pour ce général espagnol qui meurt laissant son œuvre anéantie[1], ni pour ce grand artiste, l'honneur de la peinture en France[2], le seul peintre de ce monde qui ait compris l'Empire et l'Empereur, s'arrachant à la gloire pour se précipiter tout d'un coup dans une si déplorable mort, ni même l'enlèvement de Mme de Châteauvillars par son mari, charmant incident qui a mis fin au plus élégant procès en

1. Zumalacarréguy.
2. M. Gros.

séparation de corps; à plus forte raison n'a-t-on pas fait attention à messire Ango, comte et marchand de Dieppe, qui a donné son nom au mélodrame en cinq actes avec épilogue dont nous allons nous occuper.

— Si vous allez à Dieppe, la vieille cité normande, on vous montre aux environs de la ville, le manoir de Varengeville, élégante maison de la Renaissance, toute taillée à vif, toute brodée dans le roc; sur les murs de cette maison vous voyez, encore sculptés dans le même médaillon, Ango et sa femme, les anciens propriétaires de ce beau manoir. A cette heure le riche manoir n'est plus qu'une élégante ruine qu'on vient admirer de bien loin. La solitude et le silence se sont emparés de ces murs autrefois remplis de joie et de fêtes. Dans la maison de ce marchand, un roi de France est venu, et le plus brillant des rois de France. C'est qu'au XVIe siècle Ango de Dieppe, à la fois armateur de navires, marchand et banquier, étonnait la Normandie de sa fortune et de son luxe. Il avait pris à ferme le duché de Longueville et l'abbaye de Saint-Wandrille, et bien d'autres domaines qu'il faisait valoir en grand, et dont il payait les revenus à leurs puissants propriétaires. Tel était Ango. C'était une espèce de François Ier au petit pied. Il avait subi à son insu l'influence de ce beau XVIe siècle, le maître des grands siècles. Il aimait les belles armes damasquinées, les beaux meubles de chêne et d'ivoire, les tableaux des grands maîtres de l'école florentine, les riches tentures de soie et d'or, les belles ciselures sur les vases d'argent; il partageait l'enthousiasme de cette riche époque pour tout ce qui était la grâce, le goût, la richesse, l'élégance. C'était un homme du XVIe siècle, pour tout dire; il avait senti, à son insu peut-être, l'influence de François Ier, de Léonard de Vinci et de Benvenuto Cellini, ces trois grands artistes. Tel était Ango de Dieppe. Il portait toutes les nobles passions des rois dans l'âme d'un marchand.

Outre sa belle maison de pierre taillée, hors de la ville, Ango possédait à Dieppe une riche maison de bois, *la plus belle maison de bois que j'aie jamais vue*, disait le cardinal Barberini en 1647; sur le port les vaisseaux d'Ango étaient nombreux. Un bâtiment de sa maison fut un jour capturé par les Portugais, l'équipage fut massacré. Aussitôt Ango le marchand crie: « Vengeance! » Il lève une petite armée et il envoie une flottille venger l'affront fait à *son pavillon*. La flotte d'Ango le marchand força l'embouchure du Tage, brûla plusieurs vaisseaux aux Portugais, détruisit plusieurs villages sur les côtes, et porta la terreur jusque dans Lisbonne. La terreur de Lisbonne fut si grande que le roi de Portugal envoya des ambassadeurs au roi François Ier, qui apprit seulement ainsi que la France était en guerre avec le Portugal. Cette fois encore, le roi François Ier fut bon maître; il renvoya à Ango le marchand les ambassadeurs du roi de Portugal, disant que ce n'était pas son affaire, mais bien celle de son sujet de Dieppe. Ango donc reçut les hommages du Portugal; il fut clément et pardonna à ce royaume repentant.

Ainsi Ango fut comblé un instant de toutes les faveurs du pouvoir et de la fortune. Le roi François Ier fut son hôte, et le fit comte; il fut gouverneur de Dieppe au moment où cette florissante marine de Dieppe tenait le sceptre de la mer; il se bâtit deux palais à l'instant même où le goût français était dans sa plus élégante pureté; il fut riche, il fut puissant, il fut aimé, et, ce qui n'est guère moins doux quand on est au-dessus des autres, il fut haï. Malheureusement Ango n'eut pas la tête assez forte pour supporter tant de bonnes fortunes. Le temps n'était pas arrivé où le premier venu, quel qu'il soit, pourvu qu'il soit assez riche, peut impunément vivre comme un prince. Pour avoir voulu être plus qu'un marchand, Ango tomba bientôt au-dessous du dernier

manant de la ville. Il fut accablé par son luxe, il
fut égaré par son élégance, il lutta vainement
contre sa destinée; il lui arriva ce qui arrive toujours à ceux qui s'élèvent trop haut : il tomba. Sa
chute fut rapide et cruelle; sa ruine fut prompte
et complète. Il était le seul artisan de sa fortune;
il n'avait derrière lui ni aïeux pour le protéger,
ni famille présente pour le défendre, ni apanages
pour le soutenir; il était isolé au milieu de l'aristocratie, au niveau de laquelle il s'était élevé; il
n'était pas tout à fait un marchand, il n'était pas
absolument un grand seigneur; il ne fut soutenu
ni par les marchands ni par les grands seigneurs,
ou plutôt il fut écrasé par les uns et par les autres;
en un mot, cet homme, qui avait étonné le roi
François Ier lui-même, finit par la plus misérable
fin qui se puisse voir, il finit par une banqueroute. On sait à peine comment il est mort. Cependant on voit encore son tombeau à Dieppe,
dans l'église Saint-Jacques, avec ses armes, un
globe surmonté d'une croix, et cette devise en
latin : *Dieu est mon espoir!* C'était, disent ses
contemporains, un homme mince et petit, doux et
gai, coloré et vermeil, enjoué, bon compagnon,
hardi; il avait la tête grosse, la barbe rousse, le front
large, le nez aquilin; bref, le corps robuste d'un
manant et la tête intelligente d'un grand seigneur.

Tel est le héros de la pièce nouvelle. Sans nul doute, c'était là une assez bonne découverte pour faire une pièce de théâtre, et pareille idée ne peut être venue qu'à des gens de tact et d'esprit. Ce marchand, qui est tout à la fois un marchand et un grand seigneur, un rude marin et un savant artiste, moitié peuple et moitié courtisan, homme de la foule d'en haut et en même temps de la foule d'en bas, pouvait fournir non pas le sujet d'un mélodrame, mais, ce qui vaut mieux, le sujet d'une comédie. Il fallait nous montrer Ango de Dieppe placé par sa naissance et par ses goûts, par son nom vulgaire et par son esprit distingué, dans un juste milieu impossible. Bourgeois, il est repoussé par les bourgeois parce que François Ier est venu chez lui; grand seigneur, il est dédaigné par les grands seigneurs parce qu'il n'est après tout qu'un armateur et un marchand. Il n'y a pas jusqu'aux artistes de son temps qui ne travaillent pour cet homme qu'à leur corps défendant: en ce temps-là, pour mériter le chef-d'œuvre d'un artiste, il était bon non-seulement d'être riche, mais encore un gentilhomme! Voilà, à peu près, comment se pouvait concevoir ce nouveau personnage dramatique, trouvé si habilement dans l'histoire de la ville de Dieppe. Il fallait nous le montrer tel qu'il était, ni trop haut ni trop bas, ni trop marchand ni trop grand seigneur, une espèce de Masaniello que sa fortune accable. Il fallait prendre garde surtout de ne pas se servir de cet honnête personnage pour immoler à plaisir la mémoire du roi de Marignan et de Pavie, du roi-chevalier armé par Bayard, du roi des femmes, des poëtes et des artistes, du roi François Ier.

Au premier acte, Ango de Dieppe arrive à Paris avec sa femme pour demander justice et vengeance au roi de France. Les Portugais, contre le droit des gens, ont massacré l'équipage d'un vaisseau d'Ango le marchand ; voilà pourquoi Ango veut absolument parler au roi. Le véritable Ango a mieux agi : il s'est fait justice sans demander permission à personne. A peine arrivé à Paris, Ango est arrêté dans une hôtellerie avec sa femme, parce qu'il a mangé gras un vendredi. A peine arrêté, on le sépare de sa femme ; on le jette dans un cachot. Bientôt on le traîne devant des juges masqués. Devant ces juges Ango n'est pas seul ; plusieurs misérables attendent leur sentence de mort, entre autres cet infortuné Étienne Dolet qui a été brûlé vif sur la place Maubert, le 3 août 1546, pour avoir traduit Platon ; Dolet, cet esprit distingué et courageux, qui est mort accablé à la fois par les catholiques et par les calvinistes, par les prêtres et par les pasteurs, par les savants et par le peuple. Il fut un des premiers défenseurs de l'imprimerie, que voulait détruire la Sorbonne; il prit le parti de Cicéron contre Érasme.

Certes, la mort d'Étienne Dolet est une tache dans la vie de François Ier, ou plutôt dans l'histoire de son siècle; mais n'est-ce pas assez que François Ier ait laissé mourir cet honnête homme, sans nous montrer sur la scène le roi François Ier mêlé aux juges d'Étienne Dolet, le visage couvert d'un masque, et condamnant ses sujets à la peine du feu, comme ferait le dernier des inquisiteurs? Pourtant cela se passe ainsi dans ce mélodrame. François Ier, sous son masque d'inquisiteur, s'amuse à porter des sentences de mort en attendant l'heure du bal. Dans cette même salle de l'inquisition, on fait entrer Ango de Dieppe. Ango, qui sait que le roi est là sous son masque, parle hardiment de l'insulte que lui a faite le Portugal. François Ier, entendant ce marchand parler ainsi de lever une armée et d'armer une flotte, ôte son masque et éclate de rire. Les inquisiteurs, entendant rire le roi, éclatent de rire à leur tour. De son côté, Ango, voyant tous ces hommes sanglants dans cette joie burlesque, entre alors dans une grande indignation. En effet, il y avait de quoi s'indigner, si jamais la chose s'est passée ainsi. Quand il a bien ri aux éclats, le roi sort pour aller au bal. Ce qui m'a bien étonné, c'est qu'avant d'aller danser le roi n'ait pas condamné Ango à être roué vif pour avoir mangé de la chair un vendredi.

Ango, resté seul au pied du tribunal de l'inquisition, est abordé par une espèce de traître de mélodrame, qui lui dit : « Regarde ! » Ango se met à la fenêtre ; et que voit-il ? Juste ciel ! Il voit sa femme, dont il est séparé depuis un mois sans savoir ce qu'elle est devenue, et qu'il croit en prison comme lui ! Sa femme, elle va au bal dans cette maison, elle est toute parée, elle donne la main à un galant seigneur, elle est reçue en personne par le roi François Ier, que vous dirai-je? elle est la maîtresse du roi François Ier !

Au second acte, nous sommes à Dieppe. Ango est absent, et les marchands ses confrères, jaloux de son influence, ont soulevé contre lui tous les ouvriers du port. C'en est fait, le peuple de Dieppe ne connaît plus de frein. Il livre au pillage la maison d'Ango ; il met le feu à ces admirables solives qui ont été brûlées définitivement au bombardement de Dieppe. L'émeute est complète, et, sauf une mauvaise chanson hurlée en chœur, cette émeute est un assez beau spectacle. La maison brûle ; sur le premier plan du théâtre, le peuple défonce des tonneaux ; la place n'est que bruit et tumulte. Tout à coup un homme accourt, un homme arrive, c'est Ango, c'est lui-même. A sa voix, la multitude s'arrête épouvantée ; il fait un geste, les ouvriers du port tombent à ses genoux. Alors cet homme, qui triomphe de l'émeute, annonce à la ville qu'il a besoin de matelots et de soldats, qu'il déclare la guerre à Lisbonne, qu'il veut venger ses concitoyens égorgés contre le droit des gens. A cette nouvelle, toute colère populaire a cessé. L'enthousiasme pour Ango a remplacé la fureur de tout à l'heure. Le peuple baise les pieds de cet homme qu'il maudissait naguère ; Ango est plus puissant que jamais. Ce second acte, qui est franchement abordé sans allusions politiques, cette peste de toutes les œuvres littéraires ; sans colère antimonarchique, cette superfétation indigne de gens d'esprit, ce second acte est animé, chaleureux, bien pensé, et par conséquent bien écrit.

Nous sommes au troisième acte. Ango pleure toujours sa femme absente, et dans son âme il maudit le roi qui l'a séduite. Pour se distraire de ses chagrins, Ango élève et décore son beau manoir de Varengeville. Cependant sa flotte est entrée dans le Tage ; il est vainqueur. Déjà même arrivent les ambassadeurs du Portugal ! Vite, s'écrie Ango, qu'on me fasse un trône ! vite quatre

morceaux de bois doré et un morceau de velours.
Et sur ce trône improvisé Ango reçoit les ambassadeurs du Portugal. Ici nous assistons à un étrange spectacle. Ces grands seigneurs portugais sont couverts d'opprobre par le marchand de Dieppe. — *Votre épée !* et ils rendent leur épée. — *A genoux !* et ils se mettent à genoux, non sans quelque hésitation. Et toutes ces scènes, qui ne sont ni du mélodrame ni de l'histoire, sont ordinairement applaudies par des parterres comme le parterre de l'Ambigu-Comique. Là, pour peu qu'un homme soit élevé en dignité au-dessus des autres hommes, c'est un plaisir de l'avilir sans merci ni miséricorde. Voyez-vous d'ici l'ambassadeur de cette fière nation du Portugal, ces cousins germains de tant de grands d'Espagne, dont le privilége est de parler la tête couverte à leurs rois, se mettre aux genoux d'Ango de Dieppe ! Encore une fois, c'est une triste manière de faire applaudir un mélodrame.

A la fin cependant, Ango de Dieppe pardonne au Portugal : Ango est bon prince. Les ambassadeurs se retirent. Arrive alors à Ango la nouvelle que le roi de France, François Ier, lui veut faire visite à son manoir de Varengeville. A cette nouvelle, Ango frémit de rage ; mais il dissimule ses projets, et il répond que dans quinze jours, quand son château sera achevé, le roi de France sera le bienvenu chez lui.

Quinze jours se passent. Marie, cette jeune femme tant pleurée par Ango son époux, Marie est de retour. Elle a trompé la surveillance du roi, qui a déjà pris une autre maîtresse. Marie s'est enfuie de la cour, et elle est revenue à son mari, qui lui pardonne : car ce n'est pas à sa femme qu'il en veut, c'est au roi. Cependant tout est prêt pour recevoir le roi de France. La maison d'Ango est brillante, l'or et le marbre et les riches peintures étincellent de toutes parts. François Ier, émerveillé, se promène dans ces longues galeries. Le roi évidemment cherche quelqu'un dans ce vaste palais. A coup sûr ce n'est pas Ango, son hôte, mais bien sa femme Marie. Enfin, dans certaine tourelle, François Ier ouvre une porte, et que voit-il ? Marie elle-même ! Marie, qu'il a enlevée un vendredi dans une hôtellerie, dont il a fait sa maîtresse un samedi, qu'il a menée au bal un dimanche, après avoir condamné au feu une demi-douzaine d'hérétiques ! Marie dont il a été abandonné si brusquement, qu'il n'aimait plus hier, qu'il aime de tout son cœur aujourd'hui ! Pauvre Ango ! c'était bien la peine de tant cacher ta femme et de la tant parer ! De son côté, à la vue du roi, Marie oublie ses bonnes résolutions conjugales; même, après une douce violence, elle donne tout bas un rendez-vous à Sa Majesté dans une chambre reculée du château : « A minuit! » Mais ce rendez-vous n'est pas donné d'une voix si basse, que maître Ango n'entende sa femme Marie qui répète : « A minuit ! »

La fête commence; toute la cour se met à table; la table est somptueuse; rien n'égale la magnificence de ces buffets chargés d'une riche vaisselle; François Ier est à côté de Marie, la reine de la fête. Cette décoration, qui est belle, doit être de MM. Philastre et Cambon, et elle leur fait honneur. Une seule chose dépare cet ensemble, c'est un ballet grotesque, dansé par des danseurs encore plus grotesques. Il est impossible de se figurer les sauts et les soubresauts de ces messieurs et de ces dames; il est vrai que le roi François Ier est si occupé de la femme de son hôte! Ainsi, au milieu du banquet, au milieu des fleurs et de la danse, arrive l'heure des fantômes et des amours, l'heure du roi et du marchand, l'heure d'Ango et de François Ier : entendez-vous.... minuit!

Cinquième acte. — En effet, il est minuit. La tourelle est sombre, un grand lit se distingue à peine dans un coin de l'appartement; au dehors, l'Océan gronde, l'orage éclate, l'éclair brille dans le nuage; c'est la nuit d'Othello et de Desdemone, cette nuit sublime et funèbre si souvent empruntée et volée à Shakespeare! Vous pensez bien que ce mari trahi, ce farouche Ango de Dieppe, va commencer par tuer sa femme; je vous répondrai : *C'est fait!* Les rideaux du lit sont tirés, mais le cadavre de Marie égorgée occupe cette couche funèbre, vêtu d'une robe blanche. Ango se tient sur le devant de la scène en proie à la plus vive agitation. Tout à coup, une barque s'arrête au pied de la tour : c'est le roi qui vient par la fenêtre au rendez-vous de Marie. Le roi est seul et dans l'obscurité la plus profonde; il avance à tâtons. Tout à coup, une grande main l'arrête, une grosse voix se fait entendre : c'est la voix, c'est la main d'Ango; et alors commence entre le roi et le marchand, entre Ango et François Ier, la scène la plus étrange, la plus inouïe et la plus incroyable qui se puisse imaginer.

Singulier malheur des préoccupations politiques! Pour plaire à quelques misérables exigences d'un parterre fait pour obéir à l'auteur dramatique, et non pas pour lui commander, voilà pourtant deux hommes, qui savent sans doute l'histoire de leur pays, qui se mettent à donner à l'histoire de leur pays le démenti le plus formel.

Figurez-vous donc que dans cette dernière scène du cinquième acte, Ango, se trouvant face à face avec le roi François Ier, traite le roi de France plus mal encore que tout à l'heure il n'a traité les ambassadeurs du roi de Portugal! Il l'insulte, il l'accuse, il l'accable, il le maltraite de toutes les manières! Il le menace du poignard, il le menace de la main, il le menace de la voix! Enfin, après avoir ainsi poussé à bout le roi de France, Ango, au lieu de le poignarder, le provoque en duel; il lui met une épée à la main, au roi François Ier, et, le croiriez-vous? dans cette position désespérée, qui donnerait du courage au plus lâche, lui, le roi François Ier, une épée à la main contre un homme qui tient une épée et qui veut l'égorger, et qui l'appelle lâche, il tombe roide mort, le roi François Ier; oui, mort; oui, évanoui de peur, accablé par le poids de cette épée qui lui donne une attaque de nerfs; et alors Ango, au lieu de le tuer enfin, le foule aux pieds; oui, il est foulé aux pieds par Ango, lui, le vainqueur de Marignan, le vaincu de Pavie, l'ami de Bayard, de Bonnivet et de Montmorency, l'ami de Foix et de La Trémoille; lui, le roi François Ier!

La scène dure ainsi très-longtemps; il m'a semblé qu'elle durait un siècle. Quand Ango croit avoir assez assouvi sa frénésie, il appelle la suite du roi; les courtisans arrivent : *Ramassez votre roi*, leur dit-il, *il a tout perdu, même l'honneur!* Disant ces mots, Ango se fait jour avec son épée, et il se jette dans la mer.

Qu'en dites-vous? Trouvez-vous enfin, honnête parterre des boulevards, qu'on vous ait assez immolé de rois et de reines? Trouvez-vous enfin qu'on ait assez arrangé l'histoire à votre bénéfice? Quel malheur que nous en soyons encore à ne pas respecter les rois que respecte l'histoire! François Ier un lâche qui s'évanouit à la vue d'une épée! Et quand on pense que ces horribles profanations des noms historiques, cette violation de la sainte majesté de l'histoire, passent tous les jours de plus en plus dans nos mœurs dramatiques et littéraires; et quand on pense que nulle renommée n'est épargnée, que pas un grand nom n'est à l'abri de l'insulte, que pas une gloire ne reste debout, immolée qu'elle est à la furibonde démocratie d'un parterre qu'on égare en le flattant, on se prend à avoir bien peur.

Au reste, ce triste dénoûment n'a point excité les trépignements d'enthousiasme qu'on aurait pu en espérer. Cette horrible scène a été accueillie par un silence glacial. Personne n'a osé applaudir à une fiction dramatique qui faisait du plus brillant, du plus spirituel, du plus brave, du plus intelligent, du plus amoureux et du plus courageux des rois de la maison de Valois, le dernier des misérables. C'est déjà beaucoup que ce silence d'un parterre ainsi élevé, mais ce n'est pas assez. On m'a raconté qu'en 1815, cette malheureuse année où nous aussi nous avions tout perdu, *fors l'honneur*, on jouait à Londres, dans le Cirque, un mélodrame intitulé *la Bataille de Waterloo*. Dans ce mélodrame, l'empereur Napoléon se jetait aux pieds du duc de Wellington, et dans l'attitude d'un suppliant, les mains jointes et sans épée, il criait : *grâce! grâce!* pendant que le duc de Wellington le repoussait de sa botte. Par hasard, un officier français assistait un jour à cet infâme spectacle. Quand on fut venu à cette scène de Napoléon aux genoux du duc de Wellington, le Français se lève, descend dans l'arène, tire son épée, et si on n'eût pas arrêté son bras, c'en était fait du pauvre diable qui jouait le rôle de l'empereur.

Les Anglais, qui comprennent toutes les nobles actions, ont battu des mains à l'action de ce vieux soldat de l'empire qui voulait venger son général indignement outragé!

Respectons l'histoire; n'allons pas détruire à plaisir nos gloires nationales. Parce qu'un homme a été de son vivant un roi, c'est-à-dire le maître de la société de son temps, ne l'accablons pas d'insultes et d'outrages; que la couronne, pour celui qui l'a royalement portée, soit aussi bien une protection que le chapeau de feutre; le manteau royal, qu'il ait au moins le privilége d'abriter tout autant les personnes royales que l'habit de matelot. Eh! mon Dieu, l'histoire ne compte-t-elle pas assez de rois vicieux, lâches, traîtres, ingrats et pervers, sans que nous nous fassions encore un malheureux plaisir de briser la statue des grands princes, afin que la foule qui passe s'amuse un instant de ces nobles débris! Voilà les conseils qu'on devait aux deux auteurs d'*Ango*, voilà ce que M. Thiers lui-même leur aurait dit sans doute s'ils avaient voulu l'écouter quand le ministre a demandé à voir le manuscrit de ce mélodrame. Et puis il était si facile de changer ce dénoûment! Il était si facile de faire tuer Ango par François Ier! Puisque aussi bien on voulait à toute force rendre François Ier le plus odieux et Ango le plus intéressant des hommes, ce dénoûment faisait l'affaire. Le roi n'en était pas moins odieux, mais il était autrement odieux. Les auteurs n'avaient donc qu'à demander un conseil au ministre pour rendre leur drame plus vraisemblable. Mais qui voudrait aujourd'hui s'en remettre au goût, à l'esprit et à l'opinion d'un censeur aussi peu éclairé, aussi peu littéraire, aussi peu compétent en ces matières que l'auteur de l'*Histoire de la Révolution?*

LA CURE ET L'ARCHEVÊCHÉ

L'ACTION se passe de nos jours, non loin de Paris. Il y a *à Paris* un archevêque traître, faussaire, conspirateur, débauché, immensément riche, suborneur de jeunes filles, incendiaire par-dessus tout, incendiaire pour favoriser l'élection d'un député ministériel. Dans la fable que les auteurs ont inventée, ils ne disent pas, les bonnes gens, le nom de ce furieux archevêque; ils vous permettent de le deviner. Au lieu d'un, vous en aurez dix à choisir ! Ainsi, pour faire un drame, vous mentez, vous calomniez de gaîté de cœur tout le haut clergé; vous l'accusez de plus de crimes aujourd'hui que jamais les tyrans de l'histoire antique n'en ont pu commettre; vous livrez en masse les archevêques de France à l'exécration publique. Allons, du courage, renforcez vos couleurs, taillez dans le vif, frappez à mort les vaincus : malheur aux vaincus ! Il est donc convenu que dans ce drame le scélérat sera un prélat de l'Église catholique, et vous verrez qu'on n'aura pas lésiné sur les crimes cette fois.

Donc en France existe un archevêque presque marié avec une comtesse qu'il appelle sa nièce. Cet archevêque a des bas bleus, la parole brève, une croix en or sur la poitrine, le sourire hypocrite, une large calotte sur la tête et la rage dans le cœur. C'est un homme galant, dont sa nièce est fort jalouse ; c'est un grand politique qui reçoit des lettres de Montrouge et qui donne de beaux dîners. A ce dîner se trouvent beaucoup de jeunes femmes, un procureur du roi, un maire et un gendarme. Après le dîner, on prend le café, on joue au piquet ; le piquet fini, on parle politique ; le prélat s'emporte contre les libéraux ; il règle les élections, et il dissimule le reste de ses projets. Vous allez savoir ses projets. Il faut vous dire que la pièce commence dans une salle à manger. Les auteurs de cette abominable tragédie ont volé à M. Théodore Leclercq le commencement d'un charmant proverbe, où M. Leclercq, avec cette grâce et cette délicatesse qu'on lui connaît, s'est amusé à saisir sur le fait les petites délicatesses de la vie archiépiscopale, ses petits bonheurs, ses voluptés innocentes. Le proverbe de M. Théodore Leclercq est plein de gaieté, de malice et d'esprit, mais c'est tout. Arrivent les harpies qui s'emparent de ces mots pleins de grâce et de folle gaieté, et qui salissent tout ce qu'elles touchent. Dans le drame de la Porte-Saint-Martin, l'archevêque de M. Leclercq, qui n'était qu'un bon homme, un vrai chanoine de la Sainte-Chapelle, au temps de Despréaux, devient tout à coup le plus grand des scélérats. Les dramaturges ont cousu, sans façon, le lambeau de pourpre au morceau de bure. Cette fois les voilà lancés ! ils frappent à droite et à gauche, à tort et à travers, sauve qui peut ! Entre Louise, enfin, dans le palais archiépiscopal ; Louise, crédule, ascétique, rêveuse, qui aime son amant et qui craint le courroux du Ciel ! L'archevêque prend un soin tout particulier de Louise : il lui parle quand elle est à son ouvrage ; il lui prend la main ; il a voulu la confesser lui-même, honneur insigne et bizarre, au moins chez nosseigneurs les évêques ! Ce jour-là, après le repas, le prélat incestueux donne à Louise un rendez-vous dans la sacristie, le soir : vous ne devineriez jamais pourquoi.

A peine échappés aux salons de l'archevêque et à la mauvaise compagnie qui s'y réunit, nous passons à la sacristie. Il fait nuit, *la lampe veille,*

on voit, suspendus aux arceaux, les bannières de
la Sainte Vierge et le crucifix ; le lieu est solennel, le moment solennel. L'archevêque, tout frais
sorti de ses festins et de sa conspiration, attend
Louise. Que va-t-il faire de Louise ? Une porte
s'ouvre : Louise paraît, elle joint les mains, elle
demande l'absolution d'un crime d'amour, c'est
une confession d'amour. L'archevêque est jeune ;
que dira l'archevêque à Louise ?

Vous n'avez pas vu le curé Mingrat au Cirque
Olympique? C'était là un scélérat qu'on ne pouvait pas calomnier, un scélérat fixe, avec un nom
flétri par une condamnation juridique, dont le
crime était connu, certain, avoué. Faire monter
ce monstre sur le théâtre, à coup sûr il y avait, en
cette action mauvaise, une sourde et injuste
cruauté envers ce noble et vertueux clergé catholique qui n'est pas responsable de ces crimes isolés, mais enfin ce n'était en apparence que justice.
On attendait le scélérat sur le théâtre, le théâtre et
son échafaud étaient de plain-pied. Une fois là,
nous l'avons vu violer une femme, l'étouffer, la
couper par morceaux, la jeter à la rivière et prier
Dieu ! C'était là un mélodrame sans pitié ; mais
enfin l'histoire était vraie ! Eh bien, soyez tranquilles, la pudeur publique a ses vengeances ! —
Malheur aux écrivains qui ne respectent pas la

vieillesse des villes. Ce Mingrat jugé, enchaîné; ce Mingrat, qui est aux bagnes, il a fait horreur sur le théâtre, et l'on a reculé d'effroi! Trois fois le Cirque Olympique a joué ce drame, trois fois la salle était déserte, le peu de spectateurs qui se trouvaient là étaient honteux de leur ignoble curiosité. C'était Mingrat pourtant, c'était un prêtre homicide! Eh bien, cette vérité n'était pas acceptée! Au dehors de la salle on était sûr du crime affreux de ce bandit; sur le théâtre on n'y croyait plus : c'est qu'il y a deux vérités dans le monde, heureusement pour l'art et pour la morale. Qu'on me pardonne cette digression, je reviens à l'archevêque et à la sacristie où je l'ai laissé.

L'archevêque écoute Louise. Quand Louise a fini, le prélat prend sa grosse voix, son geste est gigantesque, sa parole est grave. On dirait Mahomet vu à la clarté d'une lampe. — « Il faut brûler la maison de M. Dumont, ma fille, » dit le prêtre, et, pour avoir l'absolution, Louise accepte. Louise doit se marier cette nuit; elle ira cette nuit, à travers champs, brûler toute une famille pour plaire à Monseigneur. Notez bien que Louise n'est pas une folle, et que Monseigneur ne la confesse que depuis peu de temps. Cette pauvre enfant a été élevée par un saint prêtre, et toute dévote qu'on la suppose, elle a pourtant cédé, avant le mariage, aux empressements de l'homme qu'elle aime, ce qui, chez une dévote, prouve toujours quelque indépendance dans l'esprit.

Je ne m'appesantis pas sur cette fable explicative des incendies qui ont désolé la province ; — ce n'est pas la première explication qu'on ait faite de ces crimes sans nom ; aucune de celles qu'on nous a données n'est la vraie. Nous avons eu les *révélations* de l'incendiaire Berryer ; cet incendiaire a tenté, aussi bien que les auteurs du mélodrame, d'accuser aussi le clergé, en général, de ces horribles crimes. Mais ces *révélations* n'ont rien révélé, si ce n'est l'effronterie de cet homme. Ne nous arrêtons donc pas à chercher la théorie et l'explication de ces crimes. Acceptons un instant l'archevêque pour incendiaire, et si cet archevêque est le plus scélérat et en même temps le plus stupide des hommes, c'est tout simplement que les auteurs l'ont voulu ainsi.

La nuit vient. Louise est cachée dans les champs ; elle porte une lanterne-sourde ; allons, l'incendie ! L'incendie éclate, Louise s'enfuit ! elle rencontre son amant à la lueur naissante de l'incendie, elle crie : Bon ! mon secret est connu ! Cependant la maison de l'honnête Dumont est en cendre, ce qui ne lui ôte pas son droit d'élection pour cette année, comme l'archevêque a l'air de le croire. Du reste, les auteurs n'ont pas pris soin de nous dire si l'incendie a empêché le candidat libéral d'être nommé le lendemain, ce qui n'est guère probable. J'ai bien peur que Monseigneur, ce profond politique, n'ait commis un crime inutile.

La scène change ; nous ne sommes plus dans les salons dorés de l'archevêque, nous sommes dans le simple et délabré presbytère du vieux curé de Maucler. Le vieux curé est un bonhomme qui mange un frugal repas, qui se laisse gronder par sa servante ; c'est un parfait contraste avec l'archevêque. Au milieu de son repas on frappe à la porte : c'est Louise, Louise l'œil hagard, désespérée, muette, morne ; en un mot, Mme Dorval !

Cependant le bon prêtre, qui est plus éloquent qu'on ne le pense, persuade à Georges, le prétendu de Louise, d'épouser Louise sur-le-champ. Georges connaît le crime de sa fiancée, et pourtant il l'épouse. La pauvre fille va prendre ses habits de fête, le curé est à l'autel qui attend les époux ; mais le crime de Louise est connu, on la traque dans l'église comme une bête fauve ; elle tombe dans les mains d'un maire, grimaçante et vile figure que les auteurs auraient bien pu nous épargner, quand tout à coup voilà l'archevêque qui se montre, et Louise lui promet de nouveau le silence, je ne sais trop pourquoi. Le bon prêtre arrive qui augmente la terreur de l'archevêque. Peu à peu le crime va s'arranger : le vieux curé de Maucler consent à ne pas dénoncer le coupable, pourvu que Louise soit sauvée. Louise va franchir la frontière avec Georges ; mais dans le lointain passe un convoi, c'est le convoi d'un vieillard étouffé dans l'incendie. A cet aspect, le remords, qui s'était un peu apaisé, s'empare de Louise de plus belle, Louise pousse un cri, elle s'élance, personne ne la retient, la rivière est là tout exprès et l'incendiaire finit ses jours dans les flots.

N'est-ce pas encore un épouvantable progrès, le viol d'un cadavre par un prêtre ? Pardonnez-moi, je vous prie, ces mots atroces qui ne sont guère du dictionnaire du feuilleton ; mais, dans une nation élégante et correcte, ce sont là de cruels malheurs ; et puis, quand bien même je m'épouvanterais à tort pour l'art, pour le goût public, pour l'innocence et la sécurité de nos plaisirs, pour le théâtre qui s'en va et qui est perdu s'il se tient sans fin et sans arrêt dans cette voie abominable, à travers l'inceste, l'incendie et les plus perverses combinaisons, croyez-vous qu'il ne me serait pas permis de me plaindre, pour moi-même, et par simple égoïsme ? Est-ce une position

agréable, je vous prie, que d'être lié vivant à ce
cadavre appelé le drame moderne? N'est-ce pas
assez de le subir et de le suivre en ses blasphèmes,
en ses délires, sans être forcé de s'en souvenir
vingt-quatre heures, afin de raconter en détail ce
bloc de crimes et d'infamies ? O la belle tâche,
en effet, d'essayer les pièces nouvelles, comme
font à Marseille ces malheureux, voués à la peste,
qui plongent leurs bras nus dans les ballots venus d'Orient! O l'agréable profession littéraire
que d'être toujours à dire aux curieux : Prenez
garde! là vous verrez la guillotine rouge de 93!
Prenez garde! là vous verrez les réactions de
1815! Prenez garde! ici l'on mange un cadavre!
Prenez garde! ici l'on viole un cadavre! Prenez
garde! là se commet l'adultère presque en public;
là on marque, on fouette, on flétrit! Prenez garde
au bagne, à la cour d'assises, à l'argot des voleurs, car tout cela, en effet, c'est le drame moderne; tout cela c'est le théâtre, et voilà désormais ma tâche illustre de chaque jour! Il n'y a
pas de juge plus attentif sur son tribunal; il n'y
a pas de procureur du roi et pas de procureur
général plus cruellement occupés dans leur cour
de justice que le feuilleton dans sa stalle au théâtre. Il faut donc voir, il faut donc entendre et
tout comprendre; la toile est levée, vous n'avez

rien à dire, rien à penser; vous n'avez qu'à voir et à raconter. De sorte que, désormais, pour ce feuilleton où Geoffroy et M. Duvicquet ont été si longtemps les arbitres du goût, les inflexibles souverains de l'art dramatique, le protégeant de leur science, de leur esprit, de leurs sarcasmes, le premier portier qui saura raconter une histoire, la première cuisinière qui sera habituée quelque peu au langage des cours d'assises, va suffire à tout le théâtre de notre époque aussi bien que Geoffroy et Duvicquet. Encore une fois, ceci est pour un critique la plus malheureuse des positions, obligé qu'il est à chaque instant de rédiger, à propos du théâtre, une espèce de complainte comme celles qui se chantent en place de Grève un jour d'exécution, sur l'air *de Fualdès*.

ALFRED DE VIGNY

CHATTERTON[1]

CHATTERTON est un des grands souvenirs de notre heureuse et poétique jeunesse! Il nous ramène à ces journées fameuses, au milieu de ce mouvement libre et spontané de tous les beaux-arts qui représentent la raison humaine, et dont un lien commun fait pour ainsi dire une même famille! O la gloire et le bonheur, quand nous portions tant de zèle et tant d'ardeur à l'étude, à la contemplation de ces nouveautés hardies! O le triomphe, à l'heure éclatante où Mme Dorval, incontestable et violente héritière de l'ancien drame, ingénieuse, éloquente, inspirée, allait en avant, par toutes sortes de sentiers,

---

[1]. La critique de *Chatterton*, lors de la première représentation, avait été faite par Étienne Béquet. J. Janin n'a donné la sienne que plus tard, à l'occasion de la reprise du drame de M. A. de Vigny.

armée à la fois du couteau, de l'éventail, et tremblante, amoureuse acharnée à son œuvre, ivre aussi de ce vin nouveau dont la coupe tragique était remplie! A peine, en ces moments de fièvre et de conquête, si les poëtes pouvaient la suivre, haletante et traînant dans sa pourpre et dans ses haillons, dans ses meurtres et dans ses vengeances, cette robe à peine attachée à ses épaules! O Ciel! nous ne les reverrons jamais plus ces rêves, ces extases, ces douleurs, ces doutes, ces tortures, ces tempêtes, ces gémissements, cette poitrine haletante au feu intérieur des plus jeunes, des plus violentes et des plus sincères passions!

Telle elle était. Elle était un paradoxe au milieu d'un paradoxe; et certes il ne fallait rien moins que la tristesse et la douleur de cette femme éloquente pour nous intéresser à ce fantôme appelé Chatterton! Un fantôme en effet, un être incomplet, qui a poussé l'orgueil et la vanité au delà de toutes les limites, même littéraires! un déclamateur furibond, qui se rue en insultes et en vaines déclamations contre une société qui ne le connaît pas, et qui serait toute disposée à lui tendre une main libérale. Ah! l'indigne! Au premier obstacle il se tue, en déclamant et en ricanant. Et puis, quand il est mort : Voilà, nous dit-on, le poëte! Il est fait de cette sorte! Il n'a pas de jeunesse, il n'a pas de courage; il gémit sans cesse et sans fin sur un abîme ouvert à son côté. Le poëte est un enfant malingre et mal venu, qui se lamente au milieu du chemin, demandant sa route à tout le monde, et sans savoir où il veut aller. Le voilà! Voyez-le! il se cache, il se tient à l'écart, il évite avec soin le regard des hommes, il porte un capuchon de moine, et volontairement il s'enfonce au beau milieu du moyen âge; et parce qu'il en a retrouvé le patois, et qu'il s'est mis à balbutier les vieilles antiennes du temps d'Édouard IV, il se figure que le siècle le plus industrieux et le plus actif de ce bas monde est en train de manquer de respect à M. Chatterton! Le siècle, en effet, ne s'arrête pas aux gémissements de ce génie *incompris! Tremy-bled and did crie!* Il est aussi vieux que la poésie elle-même, ce modèle idiot du poëte inutile et sans courage! Il en est parlé dans une ode admirable de Pindare : « Esprit orgueilleux et féroce! on voit bien que les Grâces n'ont pas présidé à sa naissance! Il est exclu du commerce des mortels, et les dieux n'en veulent pas! »

Horace, au contraire, il a fait des poëtes une aimable image, et qui ne ressemble en rien à ce ténébreux Chatterton. « Que veut le poëte? Il veut être utile en charmant! Mieux encore, il

veut à la fois plaire et charmer! » Horace, en ces
deux vers, a dit tout le secret de la vraie et sincère
poésie. Il a parlé comme il était écrit au fronton
du temple de Delphes : « Réjouissez-vous! »
c'est-à-dire, ô vous tous, grands et petits Chattertons, qui êtes destinés à parler aux mortels, soyez
prudents, courageux, confiants, contents! Aimez
votre âme, honorez votre âme, et placez-la si haut
qu'elle contemple, sans rien envier, la fortune et
les honneurs du vulgaire! Enfants, honorez le
courage! aimez ce qui est beau! Fiez-vous à la
solitude! à la contemplation! Mémoire, imagination, jugement et bonne humeur : voilà le
poëte! Et que voulez-vous que nous fassions de
ce Chatterton, plus semblable à un saule pleureur
qu'à un homme intelligent? A quoi bon ce jeune
homme ennuyé, déclamateur, inhabile? Et, disons
tout, le beau modèle à nous proposer!

Mais, dites-vous, ce Chatterton était si malheureux!... Était-il plus malheureux que Tasse
enfermé comme un fou, plus malheureux que
Camoëns à l'hôpital, ou le vieux Dante errant,
proscrit, dégradé, se traînant d'exil en exil?
Certes, ils sont à plaindre, en effet, Gilbert, Malfilâtre et Chatterton; mais ils ne sont pas encore à
la taille de Torquato, de Dante ou de Camoëns!
Voyez cependant le courage et la résignation des

premiers, qui laissent après eux des chefs-d'œuvre, et l'abaissement des seconds, qui laissent à peine une centaine de vers. « Tu portes César et sa fortune! » disait le héros au batelier tremblant. « Avez-vous jamais entendu dire qu'un empereur se soit noyé? » s'écriait Pierre le Grand battu par les flots de la Baltique. En ceci les grands poëtes sont vraiment des têtes couronnées... « Têtes par Dieu touchées! » Le froid les brise et la faim les frappe... ils ne meurent ni de faim ni de froid. La vie est dure à ces intelligences. Aveugle et maltraité par ses propres filles, Milton leur dictait *le Paradis perdu*. La pauvreté, dites-vous, n'est-ce donc rien la pauvreté? Non, vraiment, ce n'est rien quand on a vingt ans, et quand on a le génie. Éloquente, intelligente et docte pauvreté des beaux esprits, les déclamateurs ont beau faire, ils ne lui ôteront pas ce qu'elle a de joyeux, de libre et de content. La pauvreté est la mère et la nourrice de l'écrivain. C'est elle qui le remplit d'un noble orgueil; elle lui montre à la fois ses forces et ses ressources! Elle est la patience et le courage, elle est l'espérance et l'aiguillon! Un jour que M. de Chateaubriand disait à M. de Fontanes : « Pourquoi n'êtes-vous pas un poëte? » M. de Fontanes répondit à M. de Chateaubriand : « Cela vous est facile à dire, à vous qui avez toujours été un pauvre diable; mais si vous aviez eu 100,000 francs de revenu, comme moi, certes vous n'auriez pas fait le *Génie du Christianisme* et les *Martyrs!* »

Que si maintenant (et c'est le grand malheur du drame de M. Alfred de Vigny) votre déclamation en faveur des poëtes inutiles et méconnus va plus loin que la pauvreté, si vous nous montrez la misère hideuse et rampante, et pas de feu dans l'âtre, et pas un morceau de pain dans la huche, et pas un brin de linge blanc dans l'armoire, et si vous nous démontrez que le vrai poëte ou tout simplement le bon écrivain est incapable absolument d'arriver au plus simple résultat de l'artisan qui travaille à son métier ou du laboureur à sa charrue, eh bien, que voulez-vous que l'on réponde à ces déclamations sans vraisemblance et sans vérité?

En ce moment, vous voilà hors des limites de la comédie et des limites du drame! En ce moment, vous entrez dans le lieu commun, dans la déclamation, je dis plus, dans le danger. Est-ce agir, en effet, en homme prudent et sage que de s'exposer à enfanter tant de petits Chattertons, à réveiller tant de succès endormis, à ressusciter tant de poëmes plongés au fond de l'abîme? Et vous serez bien avancé, vraiment, quand tous les esprits, quand tous les esprits impuissants se mettront pour leur propre compte à se lamenter sur la pauvreté des poëtes. Hélas! le malheur ne vient pas de l'abandon que vous dites, il vient de ces larmes, de ces gémissements et de ces lamentations hypocrites. Ce qu'il faudrait dire aux jeunes gens, sans trop s'inquiéter de cette popularité d'un jour, c'est qu'ils ont mauvaise grâce à déclamer, comme Chatterton, pendant trois actes sans fin contre la société, qui ne sait pas quel est ce Chatterton. La société ne doit rien encore à ceux qui n'ont rien fait pour elle, et elle n'ira pas, toute affaire aussitôt cessante, à la comédie, aux satires, aux poëmes, aux histoires, aux romans de ces messieurs. « Nous seuls, disent-ils avec Chatterton, nous seuls, et c'est assez! » Imprudents! Au contraire, il faudrait leur apprendre, et tout de suite, qu'ils doivent faire à cette abominable société toutes les avances, et qu'elle n'ira pas tout d'abord s'inquiéter du déjeuner et du logis de ces esprits revêches logés à la belle étoile et dans l'auberge du hasard. Ainsi, loin de les exciter et de les apitoyer sur eux-mêmes, ce qui n'est que trop facile, au contraire la sagesse et la prudence exigeraient que l'on enseignât le calme et le courage, la patience et l'espoir, à ces jeunes esprits impatients de la renommée, et qui ne voient pas que la jeunesse est déjà par elle-même un si grand bien, une fortune excellente à ce point, que c'est une suprême ingratitude envers le ciel que de n'être pas heureux quand on est jeune. Enfin ne craignez-vous pas, par ces plaintes violentes, intempestives, d'être un artisan de suicide? Hélas! la mort de Gilbert, la mort de Malfilâtre, et celle de Chatterton, ont déjà causé assez de ravages par cette déplorable imitation qui est le propre du suicide plus que de toute autre folie! Eh! que de meurtres, de suicides dans les vingt premières années de ce siècle! Escousse et Lebras, Antonin Moine, Mlle Marthe et ce bon comédien du Gymnase..... hier encore, un bien charmant esprit, Gérard de Nerval, que l'on trouve accroché à la grille d'une hideuse maison de la rue de la Vieille-Lanterne, la tête au nœud d'une corde et les pieds dans l'égout!

Celui qui écrit ces lignes a tout à fait le droit de les écrire : il a toujours dit que *Chatterton* était une œuvre dangereuse, et tel qu'il a revu *Chatterton* avant-hier, tel il le voyait il y a vingt-deux ans. Ce sera, si l'on veut, une déclamation habile, éloquente et dramatique, mais cette déclamation avait ses dangers, sans nul doute; et si le danger a disparu aujourd'hui, c'est qu'il a disparu en même temps que ce ragoût de hardiesse et de nouveauté qui fait vivre un jour, mais rien qu'un jour, tous les paradoxes. Là, voyons, de bonne foi, quel intérêt, quelle pitié, nous autres les écrivains qui savons que la route est ouverte à tout le monde, et surtout qu'elle est facile aux derniers venus, et que c'est un penchant de l'esprit humain d'aller à la nouveauté, comme va le tigre à la proie et le chat au fromage; quel intérêt, dis-je, et quelle espèce de pitié pouvons-nous porter à ce maladroit Chatterton? Il a fait un poëme sous le nom d'un moine, et son poëme est accepté par toute l'Angleterre! Il est à peine entré chez une adorable et charmante femme, aussitôt cette femme, oubliant ses plus intimes devoirs, se prend d'une belle passion pour ce langoureux! Il trouve en son chemin les deux plus jolis enfants qui lui portent des fleurs et leur goûter! Un quaker, un brave et digne homme, adopte en secret ce malheureux Chatterton et veille sur lui avec la tendresse et l'anxiété d'un père! Encore un moment... il est célèbre; il apprend qu'il est aimé: il est un roi!... Mais quoi! monsieur ne veut pas attendre! Il ne veut pas que ses amis le protégent! La prison le menace, et plutôt que d'aller en prison, il se tue!... En ceci Chatterton est plus difficile à servir que Béranger lui-même! « A bien prendre (il dit cela dans ses

Mémoires!), cette prison ne m'était pas désagréable! On y vivait à l'abri des importuns; toute chose était réglée; et, la nuit venue, il y avait dans ces sombres murailles un silence qui me plaisait! » Même il fallut faire violence à Béranger pour le mettre à la porte de sa prison... » Celui-là aussi, il fut un *garçon d'auberge!* Il ne s'en vante pas, il le raconte et très-simplement! Garçon d'auberge et garçon imprimeur! Sa tante était aubergiste à Péronne. Au contraire, on a fait de Chatterton le petit-fils d'un ancien amiral! Chatterton autrefois, nous dit le drame, était riche, élégant et beau joueur! D'où il suit que, véritablement, quand le lord maire, M. Beckford, offrait une place de valet de chambre secrétaire à ce gentilhomme, il commettait une impiété. Chatterton valet de chambre du lord maire, avez-vous jamais rien appris de plus cruel? — Molière était bien le valet de chambre tapissier de Louis XIV. Or, si l'on nous répond que M. Beckford n'est pas Louis XIV, nous réprondrons, nous, que Chatterton n'est pas Molière. Oui-da! Faites que Molière appelle à son aide, en naissant, l'orgueil, la vanité et la morosité de ce Chatterton, voyez donc si vous aurez un seul instant le Molière actif, passionné, jovial, heureux de tout et content de rien, vagabond charmant, pauvre diable amoureux, artiste infatigable, et vidant la coupe jusqu'à la lie, pendant que ce Chatterton y goûte à peine et la repousse avec fureur ! Molière était donc valet de chambre ! Et Voltaire était chambellan ! que disons-nous ? Sixte-Quint a gardé les pourceaux, Giotto a gardé les moutons, Jean-Jacques Rousseau a porté la livrée. Aussi bien, pour peu qu'il eût le sentiment de sa force et de son intime dignité, Chatterton pouvait, sans déshonneur, entrer dans la maison du lord maire, qui vivait en roi dans la ville de Londres ! Cette fois enfin il aurait l'habit, le vivre et le couvert. Ajoutez que M. Beckford n'était pas tout à fait l'idiot en perruque à trois marteaux que nous a montré M. Alfred de Vigny. C'était un bon juge en toutes choses de l'esprit, ce M. Beckford, et le même homme qui eut l'honneur de porter si haut le titre et l'honneur du lord maire eût volontiers compris, deviné, encouragé le génie et le talent du petit Chatterton. Alors le mérite et la fortune, et surtout le bon sens, aidant au génie, il fût peut-être advenu que le poëte eût gagné quelque place honorable à côté des grands esprits qui ont désobéi à leurs parents, Ovide, Racine et Despréaux ! En même temps mons Chatterton, mieux conseillé, eût brisé son affreux moyen âge, et, rendu à la douce lumière du jour, dégagé du *pastiche* et de l'imitation des esprits esclaves, il eût produit quelque belle chose! Enfin devenu sage et calme par le succès même, il eût renoncé à l'envie, à la haine, au suicide, à la déclamation; il eût pardonné même à ces pauvres riches, à ces misérables bourgeois, le luxe insolent de leur fortune: il y a tant de ressources dans le bon sens! Lui-même, au bord de son propre abîme, Pascal disait cela si bien :

« Qui passera de nous deux? Qui cédera la place à l'autre? Le moins habile? Mais je suis aussi habile que lui! Il faudra se battre sur cela. Il a quatre laquais, et je n'en ai qu'un; cela est visible, il n'y a qu'à compter: c'est à moi de céder, et je suis un sot si je conteste. Nous voilà en paix par ce moyen, ce qui est le plus grand des biens. »

Ces belles et touchantes paroles, plaçons-les ici, pour nous soulager quelque peu de la note infâme qui fut trouvée, après sa mort, dans les papiers du petit Chatterton: « Compte avec M. Beckford. — Perte : *pour mon essai que je lui aurais dédié*, 1 liv. 11 sous 6 den. — Gain: *Élégie sur sa mort*, 2 liv. 6 sous; *Stances sur le même sujet*, 2 liv. 4 sous 8 den.; *pour le plaisir qu'il m'a fait de mourir*, 3 liv. » Ainsi cette innocente et malheureuse créature, cet homme que l'injuste société a écrasé de tout son poids, estimait à 3 livres sterling le plaisir d'avoir vu *crever* son bienfaiteur.

L'esprit juste et fin de M. Alfred de Vigny lui avait révélé très-nettement toutes les indignités de son héros, lorsque dans son drame il effaçait presque en entier le poëte qu'il nous avait montré dans son livre, pour arriver aux clartés calmes et sereines de Kitty Bell, au quaker, aux deux enfants. Autant dans le livre on voyait le Chatterton dominant son entourage, autant dans le drame Chatterton s'efface et disparaît sous les brouillards de la Tamise! Il était un homme et presque un demi-dieu aux sommets du roman; il n'est plus (nous l'avons déjà dit) qu'un fantôme au fond de ce drame où tout est sombre, et pénible, et puéril, où la grimace a tué le rire, où le mépris a tué la sympathie. Ici, en effet, dans le drame, au pied de l'escalier, à côté de Chatterton qui déclame, se tient Kitty Bell qui souffre; à côté du bruyant suicide, il y a le jeune cœur qui se brise, et le hasard soit loué qui a voulu que cette exaltation du suicide ait tourné à sa propre confusion, grâce à Kitty Bell. En effet, voilà un crime affreux, épouvantable, hideux, puisqu'il entraîne au tombeau cette innocence et cette grâce ingénue. Ainsi, par un accident heureux mais imprévu, nous détournons nos yeux avec horreur de ce poëte manqué, pendant que nous nous prosternons humblement devant la touchante et idéale figure de Kitty Bell.

Le résumé de tout ceci, c'est que Chatterton est un héros mal venu, mal trouvé et parfaitement indigne de l'honneur que lui a fait le drame en l'adoptant comme un héros. André Chénier, à la bonne heure; il est un homme, il est un poëte; il meurt d'une mort virile, et sur l'échafaud des plus grands martyrs. Chatterton est à peine un enfant, et son impuissance est sa seule excuse. Hélas! quelle excuse hideuse en effet! Tous ces brigands couronnés qui ont été la honte et le désespoir de l'espèce humaine, ont été des poëtes sans poésie et des écrivains sans mérite. Ainsi Tibère est un philosophe manqué, Caligula est un orateur médiocre, Claude est un grammairien imbécile; Collot d'Herbois, sifflé à Lyon, veut raser la ville entière et la noyer dans le sang. Lui-même, ce Néron dont il est parlé dans *Chatterton* (constatons à ce propos l'effroi du public), quand enfin il se tue : « Ah! dit-il, quel grand artiste j'immole aujourd'hui! » Un tas d'artistes impuissants, ces monstres! Oui, vraiment; et si vous voulez avoir une idée approchante des labeurs d'un poëte sans idée et du pénible enfantement d'un écrivain sans style, il faut voir tout le troisième acte de *Chatterton!* Ce troisième acte est un long monologue que l'on prendrait pour la suite et la fin d'un rêve pénible. Il n'y a là dedans ni clartés ni lueurs!

En ce moment Chatterton, ivre à l'avance de l'opium qu'il va boire, n'a vraiment plus la conscience de ce qu'il dit ni de ce qu'il fait.

Les vrais héros, dans les vrais périls, parlent autrement que ce ridicule et odieux Chatterton.

Outre la déclamation, Chatterton est un composé de mensonges et de perfidies. Fils d'un sacristain de village, il avait commencé par renier son père. Élevé à l'école des pauvres, il eut bientôt renié ses maîtres. Clerc de M. Lambert l'attorney, il fit sa première chanson contre M. Lambert; son premier poëme, il le produisit sous le nom du moine Rowley, un moine de son invention. Ce poëme, après avoir fait quelques dupes, fut jugé à sa juste valeur. A force d'audace, Chatterton avait fini par s'adresser à un véritable antiquaire, à lord Horace Walpole, et lord Walpole eut bien vite signalé la fraude, avec le profond mépris qu'il avait appris, à Londres pour le fond même du mépris, et pour la forme à Paris.

Comme aussi ne pensez pas que mons Chatterton se soit tué innocent des crimes de la plume et sans avoir écrit, comme un gueux, des *biographies* infamantes. Ce misérable est tout à fait ce qu'on appelle un *biographe* aujourd'hui. Quoi d'étonnant? Il était lâche et besoigneux; il était ignorant sans conscience, et si bête qu'il ne respectait rien, absolument rien de ce qu'il faut respecter ! Cependant les bêtes à venin sont toujours un objet de curiosité et de terreur, et de même que l'on regarde un reptile, on va s'arrêter pour étudier un biographe... On se mit donc à regarder l'inventeur du moine Rowley ; on faisait cercle autour de ce niveleur de bas étage ; on l'écoutait, on l'applaudissait, on imprimait ses bons mots, et quelquefois un autre en avait l'honneur : *Tulit alter honores.* Il y avait de quoi perdre, à ce métier, une tête plus forte que la tête de ce pleutre, et la tête se perdit !

Voilà la vraie et sincère vérité sur Chatterton. C'est pourquoi, dans cette reprise où l'on n'a effacé que deux mots (et la correction n'est pas heureuse !), il faudrait effacer la scène où il est dit que la ruine de Chatterton est « la honte de l'Angleterre » ! L'Angleterre en est parfaitement innocente, et elle n'a rien à y voir.

La reprise de *Chatterton* avait naturellement attiré beaucoup de monde. M. Alfred de Vigny est un de ces rares esprits dont l'œuvre au moins laisse une trace, une idée, un souvenir. Les trois premiers actes, qui étaient déjà trop longs il y a vingt ans, sont d'une longueur insupportable aujourd'hui ; il y a là dedans comme qui dirait... de la *psychologie !* Or, Dieu soit loué ! la psychologie est hors de mode au théâtre et dans le roman. Le dernier acte, et nous en convenons volontiers, est resté ce qu'il était, plein d'intérêt, de pitié, de charme et d'une érudition sérieuse. Rien de plus touchant que la scène de Kitty Belle expirante... et quand nous avons revu le grand escalier par lequel descendait Mme Dorval expirante, il nous a semblé que nous allions la revoir elle-même. Elle était là, cette pâle et mélancolique Dorval, et... voilez-vous les yeux, la voilà qui se précipite et qui tombe agonisante, affaissée et nonchalante! Elle est morte ! Écoutez cependant M. Alfred de Vigny lui-même parlant de Mme Dorval :

« On savait quelle tragédienne on allait revoir dans Mme Dorval; mais avait-on prévu cette grâce poétique avec laquelle elle a dessiné la femme nouvelle qu'elle a voulu devenir? Je ne le crois pas. Sans cesse elle fait naître le souvenir des vierges maternelles de Raphaël et des plus beaux tableaux de la Charité; sans effort, elle est posée comme elles; comme elles aussi, elle porte, elle amène, elle assied ses enfants, qui ne semblent jamais pouvoir être séparée de leur gracieuse mère, offrant ainsi aux peintres des groupes dignes de leur étude et qui ne semblent pas étudiés. Ici sa voix est tendre jusque dans la douleur et le désespoir; sa parole, lente et mélancolique, est celle de l'abandon et de la pitié; ses gestes, ceux de la dévotion bienfaisante; ses regards ne cessent de demander grâce au ciel pour l'infortune; ses mains sont toujours prêtes à se croiser pour la prière; on sent que les élans de son cœur, contenus par le devoir, lui vont être mortels aussitôt que l'amour et la terreur l'auront vaincue. Rien n'est innocent et doux comme ses ruses et ses coquetteries naïves pour obtenir que le quaker lui parle de Chatterton. Elle est bonne et modeste jusqu'à ce qu'elle soit surprenante d'énergie, de tragique grandeur et d'inspirations imprévues, quand l'effroi fait enfin sortir au dehors tout le cœur d'une femme et d'une amante. Elle est poétique dans tous les détails de ce rôle qu'elle caresse avec amour, et dans son ensemble qu'elle paraît avoir composé avec prédilection, montrant enfin sur la scène française le talent le plus accompli dont le théâtre pût s'enorgueillir ! »

La pièce est jouée avec le plus grand zèle; et comme on la joue, elle est écoutée avec toutes les déférences qui sont dues aux belles choses, même quand elles sont incomplètes, aux grands esprits, même quand ils se trompent !

A. BOURGEOIS ET LOCKROY

PERRINET LECLERC

Enfants, je vous annonce une heureuse nouvelle!

A dater d'aujourd'hui, 30 mai 1862, nous n'avons plus que vingt-quatre ans : nous voilà revenus aux beaux jours de la jeunesse, aux enchantements d'autrefois, au poëme, au drame, à la fièvre, au transport des belles années ; nous n'avons plus que vingt ans : nous revenons à l'ancienne magie ; elle nous apaise, elle nous indigne, elle remplit nos âmes des terreurs les plus charmantes. Vous rappelez-vous *Perrinet Leclerc*, aux environs de 1830, une œuvre à grand tapage, et qui, Dieu merci, n'avait rien d'athénien ? Nous venions justement d'accomplir les grandes études : Athènes et Rome étaient nos mères nourrices. L'accent des chefs-d'œuvre antiques retentissait, tendre et superbe, à nos oreilles charmées; nous répétions sans le vouloir les mots les plus éloquents à l'usage de ce peuple, auditeur enthousiaste de Sophocle et d'Euripide. Ah! que de peines et de soins nos maîtres s'étaient donnés pour maintenir nos esprits indociles dans les limites sacrées! Vain espoir! conseils inutiles! divinités du Pinde insultées, muses oubliées, Apollon dédaigné. Imprudents que nous étions! nous avons applaudi non-seulement les chefs-d'œuvre et les grâces naturelles de la nouvelle école: *Hernani, Marion Delorme, Antony*, ne suffisaient pas à nos ardeurs; nous avons encore applaudi le regain de la folle ivraie, admiré l'écho des grands drames, et, bouche béante, écouté les passions taillées par des mains inhabiles sur le patron des nouvelles tragédies. C'est très-vrai! Nous avons admiré beaucoup, mais là, beaucoup admiré ce fameux *Perrinet Leclerc*, qui nous revient aujourd'hui par ce mouvement de la roue en sens inverse, quand, la corde étant faite, la roue échappe à la main du cordier.

La jeunesse! Il n'y pas d'autre excuse à ces admirations, à ces licences, à cet oubli du beau langage, à ces démentis furieux que nous donnions à nos maîtres; que dis-je? au plus simple bon sens. Ah! la jeunesse!... Et songer que nous sommes aussi vieux que toutes ces beautés tant admirées de

« la France en 1418 » ! Hier encore nous avions la France en 1814, bien triste, hélas ! et bien malheureuse ; aujourd'hui voici la France en 1418, livrée aux Bourguignons, aux Armagnacs, sous une reine horrible, un roi insensé. Quoi donc ! n'avons-nous pas de spectacles plus charmants ?

Holà ! mon maître, est le premier mot de ce vieux drame ; à quoi nous répondons : *Par ma foi, Messire !* Et l'on répond : *Or çà, mon brave ;* à quoi nous répliquons : *Sus, mon maître !* Les deux hommes qui parlent ainsi dans un des fossés de Vincennes la langue usitée en 1830 et années suivantes sont, le premier le chevalier de Bourdon, l'amant d'Isabeau de Bavière, et le second Perrinet Leclerc, le propre fils de l'échevin de Paris à qui sont confiées les portes de la ville. — « Allons, laissez votre *dague* au fourreau, Monseigneur. » *Dague* est une date, et *Monseigneur* est une date aussi bien que *Messire*, et *mon maître*, et *bonne dague.*

Bourdon, *à Perrinet :* « Prends garde, un *coup de ma dague...* » Un peu plus loin : « Ta main, mon brave... » *Mon brave* est de la même époque. « Oui, je veux être écorché comme un juif ! » *Comme un juif* appartient à la même littérature. En effet, le drame du moyen âge avait le juif en grande horreur, et l'*écorchait* que c'était une bénédiction. Nous disons aussi dans ce *Perrinet Leclerc* : *Monseigneur le roi, madame la reine.* Ainsi, quand Perrinet et le chevalier de Bourdon sont entrés par la brèche, et la nuit, dans le château de Vincennes, madame la reine est très-étonnée de trouver Perrinet dans son *oratoire*.

ISABELLE.

Réponds! Qu'es-tu venu faire ici? Par quelle porte y as-tu pénétré? Qui t'y a conduit?

Qui t'y a conduit? est sans doute un hiatus, et quand Perrinet répond en s'inclinant : « Madame la reine, c'est le hasard. — Ah! oui, répond la reine, c'est le hasard qui t'a introduit jusque dans mon appartement, qui t'a conduit à Vincennes, n'est-ce pas? »

Ce *n'est-ce pas?* a tout à fait le cachet de cette illustre époque. On l'a déjà entendu, à la scène précédente dans la bouche du roi Charles VI : « C'est ma femme ou mon fils qui ont commis ce vol, *n'est-ce pas?* car c'est un vol envers l'État... Oui... l'on me regarde déjà comme mort. »

Pendant que la reine et Perrinet Leclerc s'expliquent de leur mieux sur « un secret à faire tomber une tête », le comte d'Armagnac, connétable de France, envoie au château de Vincennes des archers avec ordre de conduire la reine à Tours et le chevalier de Bois-Bourdon au Grand Châtelet. A cet ordre imprévu, la reine, inquiète pour Bois-Bourdon, demande à Perrinet Leclerc s'il lui est dévoué. « Autant qu'à Dieu, répond Perrinet; et, pour sauver le chevalier de Bois-Bourdon, Madame la reine, nous attaquerons le Châtelet. »

ISABELLE.

Oui... et vous le sauverez ainsi? Et quand vous aurez brisé vingt portes *de fer*, quand vous arriverez dans son cachot et que vous y trouverez *un cadavre*, vous l'aurez sauvé, *n'est-ce pas?* Ce serait hâter l'heure de sa mort, et rien de plus. Ah! Perrinet! Perrinet, *sur ton âme,* ne fais pas cela!

PERRINET.

O mon Dieu!

ISABELLE.

Non, non... j'ai de *l'or,* je suis riche, je suis reine. Tu iras à sa prison, et tu diras à ceux qui le gardent : « Ne le tuez pas; voilà *de l'or, de l'or* à vous rendre tous heureux, *de l'or* à payer un royaume : ne le tuez pas! Et si ce n'est point assez, *elle* a encore des bijoux, des perles à sa couronne; prenez tout; elle vous donne tout, *elle vous en devra encore :* ne le tuez pas! » Oh! si je les voyais, *ces hommes,* je l'obtiendrais!

PERRINET.

Je vous obéirai, Madame.

ISABELLE.

Ah! je suis folle, *n'est-ce pas?* folle de penser qu'on pourrait racheter sa vie? Non : ils n'accepteraient pas même mon sang en échange du sien. Ils veulent le tuer; ils le tueront.

Voilà pourtant comme on parlait en ce temps-là, quand on était reine, amoureuse et passionnée... « Et quel que soit son sort, tu viendras me le dire, ou, si tu ne peux arriver jusqu'à moi, tu m'enverras cette croix s'il est vivant, ton poignard s'il est mort. » A ces mots, Perrinet Leclerc sort du château, et la reine s'écrie en aparté : « Sauvé! sauvé! » Ce *sauvé*-là a fait bien des petits depuis l'an de grâce 1832.

Arrivent alors la taverne et la prison, deux bâtisses du moyen âge : « La peste soit du manant.. Salut, mes maîtres... Tavernier, vite un *pot*!... Laus au connétable »; enfin on voit passer le *tourmenteur*. (Ici le tourmenteur et le médecin paraissent sans rien dire, et entrent au Châtelet.)

« Demandez plutôt, sainte Vierge! à Mahiet-Baliffre, le baigneur; à Tassin-Caillard, le teinturier; au petit Jehan, l'écolier de Cluny »; les uns et les autres, ils ont vu passer le tourmenteur, et voilà Bourdichon qui a entendu le tourmenteur tourmentant le chevalier de Bois-Bourdon.

Et quand les écoliers de Cluny s'écrient : « A nous les manants! à nous les pots et les gobelets!... emparons-nous du Châtelet », Perrinet Leclerc s'écrie : « Au large, mes maîtres... Enfants! prendre le Châtelet, le *vieux* Châtelet, fait d'une pierre si dure qu'en creusant tout un jour vous n'auriez pas un fourreau pour y cacher la plus *courte de vos dagues!* »

A la porte même du Châtelet, Perrinet, qui veut sauver Bois-Bourdon, a donné rendez-vous à son ami Gervais, *qui a du sang d'homme dans les veines*. Hélas! Gervais arrive trop tard : Bois-Bourdon a tout avoué dans la torture. « Il a tout avoué comme un Français », disait un seigneur suédois en parlant de Struensée. Un Français qui l'écoutait répondit au Suédois : « — Monsieur, un Français qui serait l'amant d'une reine le dirait à tout le monde et ne l'avouerait à personne. » Il est moins fidèle et moins dévoué à sa reine, ce chevalier de Bois-Bourdon, que le docteur Struensée; il écrit de sa main mutilée une déclaration compromettante pour la personne qu'il aime, et désormais je m'intéresse assez peu à ce mauvais chevalier que l'on apporte dans un sac, plus semblable à une bouillie qu'à un homme en chair et en os.

PERRINET.

Il y a là dedans corps vivant ou cadavre. (*Du sac sort un long gémissement.*) Plus de doute... c'est lui... A moi, ma bonne dague! (*Perrinet fend avec sa dague le sac de cuir. Bourdon paraît, pâle et défait.*) Fuyez, messire!

BOURDON.

La torture m'a brisé, je meurs.

Bref, on le jette à l'eau en criant : *Laissez passer la justice du roi !*

Au troisième acte, madame la reine Isabelle a pris la fuite ; elle est au château de Crussy, sous le couvert de « Mgr de Bourgogne », et la dame serait assez contente si elle avait à ses côtés ce pauvre Bourdon : « *Pauvre* Bourdon ! mourir si jeune ! et de quelle mort ! La torture aura brisé ses membres, l'horrible torture qui broie les os *pour qu'au milieu des cris* de douleur un aveu s'échappe. »

« Madame la reine », en ce moment, met en très-mauvaise prose un très-beau vers :

La torture interroge, et la douleur répond.

Toujours est-il que le souvenir du pauvre Bourdon n'empêche pas la reine d'accepter les bons offices de *notre cousin* le duc de Bourgogne : « Vrai Dieu ! mes bons archers... »

LE CONNÉTABLE, *à la reine.*

Oh ! ce n'est pas ici l'instant de railler, Madame... Vous aimez Bourdon... vous l'aimez, et vous rachèterez son sang et sa vie... *Car son sang... c'était votre sang... sa vie, c'était votre vie.*

A ce discours du connétable, peu s'en faut que

madame la reine ne le fasse écharper, et, vrai Dieu ! « jamais pointe de poignard ne fut aussi près de de sa poitrine » !

Ce qui sauve en ce moment le connétable, c'est que la reine a reçu non pas la dague de Perrinet, mais la croix d'or qui lui devait annoncer que Bois-Bourdon vit encore. L'ami Gervais s'est trompé de talisman, il a donné la croix pour la dague, et pensez au béjaune d'Isabelle quand elle voit que le connétable échappe à sa rage ! En ce moment Perrinet vient demander à la reine le droit de vie et de mort :

Sur le comte d'Armagnac, connétable du royaume et gouverneur de Paris.

ISABELLE.

Ah ! c'est pour le tuer *au moins* que tu me demandes sa vie ? Pour le tuer, *n'est-ce pas* ? (*Elle signe.*) Tiens.

PERRINET.

Merci !

MARIE.

Horreur !

« Pour le tuer *au moins* » est assez joli, *n'est-ce pas* ? Que si vous nous demandez pourquoi donc Perrinet Leclerc est devenu si furieux contre le connétable, et furieux à ce point qu'il promet de livrer les portes de Paris aux soldats de notre cousin de Bourgogne, c'est que le connétable a fait *compter* sur les épaules de ce manant huit coups de fourreau d'épée. En vain Perrinet Leclerc s'est écrié :

« Monseigneur, c'est une punition de serf et de vassal, et je ne suis ni l'un ni l'autre ! »

Le connétable a répondu :

« Je maintiens le châtiment prononcé, puisqu'il te va si droit au cœur ! »

Et Perrinet frappé, Perrinet déshonoré, s'est écrié tout bas :

« Ils n'ont pas découvert ma *dague*... elle est restée dans mon pourpoint. O ma *bonne lame !* tu as maintenant plus d'un service à me rendre ! »

Il ne s'agit donc plus cette fois du chevalier de Bois-Bourdon. Le chevalier est mort et bien mort ; la reine elle-même, qui avait oublié pour le chevalier *sa pudeur de femme,* ne songe guère à ce *pauvre* Bourdon. Maintenant c'est Paris qu'il faut à la reine avec la tête du connétable. Si Paris vaut une messe, il vaut bien un bon coup de dague. Écoutez cependant ce dialogue entre le jeune Perrinet et le vieux Perrinet, qui défend ses clefs que vient de lui *voler* monsieur son fils :

...Allons donc, Perrinet ? *la dague au poing !* ou mes clefs ! mes clefs !

PERRINET.

Arrière! mon père! Oh! laissez-les-moi! laissez-les-moi!

LECLERC.

Jamais, tant que je vivrai!

PERRINET.

Arrière donc! oh! je vous en conjure!
Il me les faut. J'ai été flétri, flétri devant tous, flétri comme un vassal. J'ai parlé en homme, *on m'a frappé;* je me suis tu, *on m'a frappé encore.* Nul ne m'a sauvé, nul ne m'a défendu : à moi donc ces clefs qui me vengent!

Et voilà comme est entré par la porte ouverte le Bourguignon dans la bonne ville de Paris. L'incendie est partout; le tocsin, la trahison, partout la mort. Ces deux ennemis furieux, la reine et le connétable, se rencontrant enfin dans une *boutique*, à la lueur des incendies, s'accablent d'injures et de reproches, oubliant ce roi malheureux qui se chauffe au coin du feu...

ISABELLE.

Vain espoir! ils se sont tus déjà; car le peuple cette nuit crie : *Vive Bourgogne!*

LE CONNÉTABLE.

Il criera demain : *Vive Armagnac!*

LE ROI, *qui s'est levé et s'est approché peu à peu,
se plaçant entre eux.*

Et qui donc criera : *Vive France!*

Cri terrible et mouvement superbe! Il est resté ce qu'il était à trente ans de distance, et voilà comment rien ne saurait effacer une belle chose. On applaudit encore aujourd'hui : « Et qui donc criera : *Vive France?* » Hélas! ce beau mouvement ne dure guère, et voici que nous retrouvons Perrinet Leclerc et sa monotone vengeance :

PERRINET, *qui s'est traîné jusqu'au connétable,
sa dague à la main.*

Connétable, tu m'as fait porter sur l'épaule la croix rouge de Bourgogne. J'ai juré Dieu que tu la porterais vivant sur la poitrine! *Tiens!* la voilà!

(*Avec la pointe de son poignard il lui laboure la poitrine.*)

LE CONNÉTABLE.

Ah!

PERRINET, *rendant le parchemin à Isabelle.*

Reine, j'ai rempli mon serment; reprenez votre parole. A moi... son honneur.

(*Il tombe en souriant et meurt.*)

ISABELLE, *avec joie.*

A moi sa vie !

(*On se jette sur le connétable, qui tombe* (et sans rire) *percé de coups.*)

Donc le revoilà le chef-d'œuvre. Aux premiers jours de *Perrinet Leclerc*, critiques, parterre et comédiens, tous criaient à la nouveauté. Les comédiens étaient superbes et fanatiques. L'excellent comédien Provost représentait en ce temps-là un malheureux traître qui avait quatre lignes à dire ; M. de Chilly, un des douze ou quinze arbitres suprêmes de l'art dramatique en 1862, n'était rien moins que le chevalier de Bois-Bourdon ; M. Serres, l'admirable compagnon de Frédérick-Lemaître et son *alter ego* dans l'*Auberge des Adrets*, s'estimait un homme heureux de représenter Bourdichon, *le potier d'étain*. Moëssard (un prix de vertu !) tenait tout bonnement la taverne du *Porc-Épic*, située entre la Grève et le pont aux Meuniers, « couvert de maisons en bois ». Le batelier Gervais était représenté par M. Auguste Z... ou X..., un *L'eusses-tu cru?*

Qui n'a pas dit son nom, et qu'on n'a pas revu.

M. Davesne, l'excellent régisseur du Théâtre-Français, était un simple archer. On a gardé le nom du *tourmenteur*, personnage muet qui disait tant de choses; le tourmenteur était M. Marchand. Isabeau de Bavière, reine de France, apparaissait aux regards charmés sous les traits d'une femme éloquente et superbe, une reine que la triste Mlle Duverger aura grand'peine à remplacer. Marie, un petit rôle, un *accessoire*, appartenait à cette grâce, à cette beauté, à ce bel esprit, Mlle Juliette, celle-là qui fut la princesse Negroni dans *Lucrèce Borgia*, et qui tenait si bien, de sa main galante, les vases d'or remplis de vin et de poison dont s'enivraient Gennaro et ses camarades. Voilà des souvenirs, voilà des palpitations, des apparitions ! Naturellement le premier rôle, à savoir Perrinet Leclerc, appartenait au jeune homme, au poëte, au comédien à qui Frédéric Soulié confiait naguère sa traduction de *Roméo et Juliette*, à Lockroy. Lockroy était un des auteurs du nouveau drame; il le jouait avec une ardeur juvénile, une conscience toute paternelle. Ah ! le mauvais drame !... Il faut pardonner à Lockroy; il a fait *Passé minuit !*

Et la presse entière était là, obéissante à ces chères passions de la hardiesse et de la nouveauté. Étienne Béquet, le plus éclairé des beaux esprits, faisait la moue, et Frédéric Soulié battait des mains; Loëve-Weymar souriait de son doux rire: il ne croyait à rien, ce Loëve-Weymar. Michel Masson pleurait; Victor Hugo semblait admirer beaucoup ce chef-d'œuvre de son école. En ce temps-là, que de gens qui sont morts et (pire accident) qui sont vieux jetaient des couronnes à Mlle Georges et des billets doux à Mlle Juliette ! Échos passés, rumeurs perdues, admirations désavouées, fanatisme et curiosités qui ne sauraient revenir !

LÉON GOZLAN

LA MAIN DROITE
ET
LA MAIN GAUCHE

Quand nos écrivains à la mode ont fait leurs preuves de bel esprit, quand ils ont prouvé qu'ils savaient écrire un conte, un roman, et qu'ils savaient aussi comment se tient la lourde plume du critique, l'ambition les prend et les pousse, et alors, s'ils ne se nomment pas eux-mêmes pairs de France, préfets, députés ou conseillers d'État, les voilà qui abordent de front les dangers et les périls du théâtre. Le théâtre, aujourd'hui, c'est la fin, c'est le but de tous les efforts littéraires. Les plus grands génies de ce siècle ont rêvé ces tristes honneurs. M. de Lamartine y aspire tout bas, M. de Chateaubriand lui-même ne les a pas dédaignés. Le théâtre! le théâtre! à les en croire, c'est la seule façon d'être un homme de génie, de parler dignement à la nation française, et de révéler son nom à la foule prosternée. Donc, qui que tu sois, poëte, philosophe, historien, homme politique, socialiste, lève ton chapeau quand tu passes devant le théâtre :

— Qui que tu sois, voici ton maître ;
Il l'est, le fut, ou le doit être.

M. Léon Gozlan n'a pas pu et ne pouvait pas échapper à la loi commune. Il n'a pas eu de cesse qu'il n'ait affronté, lui aussi, les orages et les tempêtes ; il avait pour lui non-seulement son esprit, qui est alerte, et sa repartie, qui est vive et acérée, mais encore il avait sa complète ignorance de l'art ou, pour mieux dire, du métier dramatique. Comment on entre et comme on sort, M. Gozlan n'en sait rien ; comment un personnage remplace sur la scène un autre personnage, il ne l'a pas encore deviné. Quand l'idée lui est venue d'écrire des romans pour le théâtre, il s'est livré à ce calcul tout naturel : « Que de gens sans esprit, sans mérite, sans talent, sans aucune valeur littéraire, qui savent placer sur leurs deux pieds des drames, des comédies, des vaudevilles ! A plus forte raison réussirai-je. » C'est là un raisonnement plein de justesse, mais aussi plein de périls. Ce métier que vous dédaignez, ces petits secrets cousus de fil blanc que vous ne voulez pas apprendre, cet éternel plagiat qu'on appelle l'art dramatique aujourd'hui, eh bien, il est impossible aux esprits les plus distingués, aux imaginations les plus élevées, de se passer tout à fait de ces lamentables ficelles à l'usage du dernier des trois ou quatre cents vaudevillistes que la ville de Paris a l'honneur de contenir.

Cependant tout est prêt; la salle est remplie de toutes les célébrités parisiennes, l'attente est grande, le silence est partout. La toile se lève, nous sommes à Stockholm; un homme se précipite dans le palais de la reine de Suède. Cet homme est vêtu comme un chenapan; peu s'en faut qu'il ne soit ivre ; il menace, il prédit, il commande; il est de la grande famille de Robert Macaire; il en fait tant, il en dit tant, qu'on le jette dans une maison de fous. — Après quoi *Sa Majesté* la reine de Suède s'en vient présider son conseil des ministres. La reine a pour mari le prince Herman, un brave et digne homme, un Allemand qui ne rêve qu'aux tubéreuses et aux tulipes de son jardin. « Prince, dit la reine, pendant que nous avisons aux affaires de l'État, occupez-vous du bal masqué que nous donnons ce soir ! » Voilà le petit prince Herman bien malheureux. Il voudrait bien savoir, une fois pour toutes, ce qui se passe dans le conseil d'État ; mais il n'est que le mari de la reine, il faut obéir. La jeune comtesse de Lowembourg, en plein conseil d'État, s'amuse à lire les lettres d'amour que l'on adresse à la reine. D'abord la comtesse rit aux éclats, et ensuite, à une certaine écriture qu'elle reconnaît, la dame redevient sérieuse et attentive. Cette lettre est signée Wilfrid ! Wilfrid, l'amant de la reine ; « et quel dommage qu'il soit amoureux de la reine ! » se dit la comtesse de Lowembourg.

Après le conseil, et comme le premier ministre Éric va pour sortir, son secrétaire Christian dit au ministre : « Monseigneur, j'ai fait arrêter une espèce de fou nommé *le major Palmer !* S'il plaît à Votre Excellence, ce Palmer aura bientôt disparu sans laisser de traces de son passage. Nous avons des cachots dans lesquels l'eau silencieuse monte une fois par nuit... » A ce nom de Palmer, le premier ministre pâlit et se trouble : « Relâchez le major ! s'écrie-t-il, qu'il soit libre et comblé d'égards ! » Mais avouons que le major Palmer l'a échappé belle cette fois.

Au second acte, nous passons du drame *historique* dans le drame *intime*. Nous voilà non plus à la Cour, mais chez dame Rodolphine la fleuriste. Dans le jardin et dans les serres de Rodolphine poussent les œillets et les roses. Là seulement vous rencontrez le printemps de la Norwége ; là se pare de ses plus riches atours la superbe tulipe... En un mot, Rodolphine est la première femme du prince Herman. Il l'a épousée de la bonne main, de la main droite. Il a eu d'elle un bel enfant, quoique légitime. Herman était si heureux alors ! On ne lui disait pas : *Votre Majesté !* mais on lui obéissait comme à un père. Il avait des sujets *comme on n'en fait plus.* Il cultivait de si belles fleurs ! Mais à présent qu'une reine l'a épousé de la main gauche, à présent qu'il est le mari d'une femme autre que Rodolphine, et qu'il est destiné non pas à se faire des enfants à lui-même, mais à procréer des rois pour la Suède, Herman est bien à plaindre. Encore dans sa disgrâce a-t-il conservé son jardin et Rodolphine, ses belles fleurs et son chaste amour ; mais il a renoncé à son fils ; il n'a pas encore vu ce beau Wilfrid, l'amoureux de la reine. Wilfrid cependant, qui se croit le fils d'un commis voyageur, n'a pas d'autre occupation que de rêver tout haut à la dame de ses pensées. Il ne voit plus que des pages, des gardes, des dames d'atours, des voitures rapides comme l'air. Cette reine qu'il adore, Wilfrid à peine l'a vue au milieu d'une émeute. Ce jeune homme, à tout prendre, nous paraît par trop amoureux : un peu moins exalté, il n'en serait que plus aimable, et sa pauvre mère serait bien plus tranquille. Cette mère de Wilfrid, c'est Mme Dorval. Et que Mme Dorval a été charmante dans ce rôle maternel!

Après la première élégie de Wilfrid sur cet amour sans espoir, et l'élégie d'Herman sur son mariage d'orgueil, revient notre bandit du premier acte, le major Palmer. Cette fois notre homme est bien vêtu. L'habit, le manteau, le feutre, l'épée, la bourse bien garnie, rien n'y manque. Éric, le premier ministre, a fait dignement les choses. Seulement il a donné au major Palmer certain petit rendez-vous à minuit, sur le bord de la mer; et ce rendez-vous nous paraît suspect. Que disons-nous? plus que suspect! car il ne s'agit rien moins que de faire empoigner Palmer par quatre estafiers. Une fois pris, on vous le jettera à fond de cale, et le reste sera l'affaire de l'amiral Gedda.

Ici nous avouons en toute humilité que nous ne comprenons guère la conduite du premier ministre Éric. Tout à l'heure encore il tenait sous sa main ce terrible major Palmer; il n'avait qu'à le plonger dans un de ces cachots non imperméables dont nous parle son secrétaire Christian, et tout était dit. Mais non! le ministre ne veut pas que l'on touche à ce Palmer; au contraire, il l'accable de politesses et de prévenances, et pourquoi faire ? Pour le livrer l'instant d'après, pieds et poings liés, à l'amiral Gedda. Mystères de la politique suédoise ! Ce n'est pas nous qui essayerons de vous délivrer de ces ténèbres.

Toujours est-il que ce damné Palmer ne songe qu'à rire et à boire. — « Jeune homme, dit-il à Wilfrid, vous avez tort d'aimer la reine ; venez avec moi, je veux vous donner à souper. Dieu merci ! je ne suis pas si fort un étranger à Stockholm que je n'y puisse rencontrer une cantatrice italienne, une baronne allemande, une duchesse espagnole et une danseuse française pour nous servir à boire ; donc cette nuit, nous la passerons gaiement à l'hôtel des Quatre-Nations ! » Le conseil est bon, mais le jeune Wilfrid se croirait perdu s'il buvait même un verre d'eau en si mauvaise compagnie. A cette heure Wilfrid ne songe qu'à se procurer une *rose Dorothée*. C'est la fleur que la reine doit porter dans sa chevelure, au bal de ce soir. Le cavalier qui portera une rose pareille sera le danseur de la reine. Mais, voyez la fatalité ! dans le jardin de Mme Rodolphine fleurissaient, sur leur tige épineuse, huit roses Dorothée. Toutes ces huit roses, Mme Rodolphine les a vendues, et maintenant il faut aller à quinze lieues de Stockholm pour en avoir une. — Ce qui fait trente lieues pour l'aller et le retour. Mais qu'est-ce que trente lieues, en comparaison de cette joie : danser avec la reine ! « Dans un gouffre ouvert, oui, Suzon, je m'y jetterais ! » Et voilà le jeune Wilfrid à cheval.

Un autre projet de Wilfrid, à ce bal, c'est d'insulter le mari de la reine. Wilfrid a exprimé cette intention formelle dans une lettre écrite de sa main. Cette lettre a été lue par ce bon Herman, et il me semble que c'était le cas ou jamais de dire à Wilfrid : « Prenez garde, jeune homme; vous venez d'écrire une lettre imprudente et remplie de mauvaises intentions. C'est déjà bien assez de vouloir devenir l'amant de la reine, sans vous croire obligé d'insulter le mari de S. M. Ces choses-là ne se font nulle part; au contraire, on rend au mari, en hommages et en respects, ce qu'on ôte à sa considération et à son honneur. » Ainsi eût-on parlé à M. Wilfrid; et si, par hasard, il ne se fût pas rendu à de si bons motifs, mieux valait encore lui dire tout simplement : « Malheureux ! cet homme que tu veux insulter, il n'est pas seulement le mari de la reine, il est encore le mari de ta mère, il est ton père ! » Ceci était de la plus simple prudence, et je me trompe fort si ce damné Wilfrid, ainsi chapitré, n'eût pas renoncé au moins à l'un de ses deux projets.

Acte III. — A la fin, ce bal, tant annoncé, fait entendre ses premiers accords et ses premiers murmures ; seulement la fête, qui devait avoir lieu au palais de la reine, s'est transportée tout d'un coup dans la maison du premier ministre Éric. Trois heures ont suffi à abattre des murailles, à jeter des ponts sur les jardins, à faire de la nuit le jour. Peu s'en faut que l'hôtel Éric ne croule ; mais qu'importe, pourvu que les murailles restées debout ne s'écroulent que demain ? Ce jour-là, M. le ministre est en grande joie : il est délivré du major Palmer, il n'a rien à redouter du prince Herman ; la reine elle-même doit honorer le bal de sa présence. Heureux ministre Éric ! O Ciel ! qui arrive ainsi vêtu d'un beau surtout de satin blanc ? C'est ce damné Palmer ! Palmer, que le ministre croyait déjà au fond de l'eau, prodigue à Son Excellence Éric l'ironie la plus bouffonne. Il est impossible de traiter plus mal un ministre tout-puissant. Éric cependant, pris à son propre piége, baisse la tête et rougit en silence. Il ne sait plus comment se défaire d'un pareil drôle, qui revient toujours sur l'eau. Mais aussi, encore une fois, puisque ce Palmer était d'un si grand embarras, pourquoi ne pas l'avoir laissé à l'hôpital des fous, où il était si bien ?

La seule ressource du ministre Éric, c'est de flanquer le major Palmer, qui ne veut pas quitter le bal, de deux grands laquais qui n'ont pas d'autre emploi que d'offrir à Palmer le kirsch et l'eau-de-vie dans de grands verres : on veut voir si Palmer a le vin tendre. Tout cela est assez mal inventé, mais tout cela se dit et se fait avec esprit. Une scène est assez jolie : Palmer, placé entre la reine et la comtesse de Lowembourg, qui s'est cachée sous le masque, se met à rêver aux tranquilles bonheurs du père de famille. Ce qui détruit l'effet de ce mouvement plein de tendresse, ce sont les grands verres que vient de vider Palmer. On est tenté de lui dire, comme dit Figaro à Antonio : « Fi ! le vilain ! tu pues le vin. »

Une autre scène très-jolie, car en tout ceci il s'agit plutôt d'une suite de scènes qui se suivent sans trop tenir l'une à l'autre que d'un drame écrit avec la rigueur de l'unité, c'est le moment où Mme de Lowembourg, ôtant son masque, s'écrie : « *Je ne suis pas la reine !*—Quelle joie ! répond Wilfrid, ce n'est pas la reine que j'aime ! ». La joie de Wilfrid est partagée par les spectateurs, qui ont eu peur un instant de ces amours de reine à sujets dont le théâtre est si prodigue depuis la fameuse thèse de l'inégalité des conditions.

Il nous est impossible de ne pas blâmer la façon dont ce troisième acte se termine. Au milieu de la joie du bal on entend dans le lointain d'affreux murmures. C'est le peuple qui se révolte une seconde fois. Au même instant le premier ministre appelle par la fenêtre l'armée à son aide. L'armée accourt, mèche allumée; on ne voit pas l'armée, mais on entend le canon qui gronde. « La reine est sauvée! » dit Éric. A quoi le major Palmer répond : *Le ministre est perdu!* En même temps, par la fenêtre opposée, il appelle à son aide le tiers état de la Suède. Oui, mais Éric dit un mot à l'oreille de Palmer. A ce mot, Palmer baisse la tête et il s'avoue vaincu. Tout s'arrange, et chacun se retirerait chez soi le plus tranquillement du monde, si le petit Wilfrid, qui tient à son projet d'insulter le mari de la reine, n'insultait pas en effet le prince Herman. « Qu'on arrête cet homme! » crie la reine. Wilfrid est arrêté. Et du même coup on arrête le major Palmer, qui se débat comme un beau diable. Deux arrestations pour terminer un acte de fête et de bal, c'est beaucoup.

A l'acte suivant, nous retrouvons Mme Rodolphine bien inquiète et bien malheureuse. Elle vient d'apprendre le crime de son fils, et elle tremble pour la tête de cet enfant bien-aimé. Que faire? que devenir? Alors arrive la comtesse de Lowembourg pour consoler cette mère au désespoir. Ces deux pauvres femmes ont bien vite fini par se comprendre : l'une et l'autre elles aiment Wilfrid, à peu près du même amour. Toute cette partie du quatrième acte appartient à Mᵐᵉ Dorval. Elle est simple, elle est touchante ; elle a des mots qu'elle dit à ravir : *Vous êtes belle!* Et ce grand cri au prince Herman : *Sauvez-le! sauvez-le!* Et ce mot d'une mère heureuse à l'homme qui lui sauve son fils, un mot qui est beau et bien placé : *Je suis encore ta femme, embrasse-moi!* Et tant d'autres ! C'est ainsi que tous les contre-sens de ce drame, toutes ses maladresses et toutes ses invraisemblances disparaissent sous la grâce et sous l'esprit de Mᵐᵉ Dorval. Singulière femme! elle passe de la prose au vers, du mélodrame de M. Dumas à la tragédie de Racine! Aujourd'hui la maîtresse d'Antony ; le lendemain la femme du roi Thésée! Le matin traînée devant le tribunal de commerce, et le soir arrosant d'une main si légère et si fine les fleurs du prince Herman! Vous ne sauriez croire, encore une fois, combien elle a été charmante, et quel vif esprit, et quel tendre cœur, et quelle honnête passion !

Tout à coup vous entendez un grand bruit ; ce tourbillon qui arrive, vous savez qui : c'est le major Palmer. On l'a arrêté si violemment qu'il s'est échappé des mains qui le gardaient, et en même temps le petit Wilfrid a pris la fuite. Voilà comment est faite la police suédoise : il faudrait une autre police pour la garder. Palmer, libre de nouveau, s'abandonne, passez-moi le mot, à sa *blague* naturelle. Il a en tête un grand projet qu'il ne dit pas, mais il s'en vante à outrance. Wilfrid, de son côté, est tout occupé à regarder sa bien-aimée Mme de Lowembourg. Il ne l'a jamais trouvée si belle, même quand il la prenait pour la reine. Les deux amants, dans ce tête-à-tête amoureux, ont complétement oublié les dangers de la vie réelle. Il faut placer ici la plus jolie scène de l'ouvrage. Le major Palmer, dans un coin du salon, dit à Mme Rodolphine, en lui montrant les deux amoureux : « N'est-ce pas que la jeunesse est belle à voir ? Il me semble que j'entends chanter des oiseaux au-dessus de ma tête ! » Ce sont mieux que des oiseaux qui chantent, c'est la vingtième année qui murmure doucement l'éternel duo de l'amour.

Au même instant le crieur public passe en criant dans la rue : *Récompense honnête à qui livrera l'insulteur du prince Herman!* A cette voix, l'idée vient au major Palmer de faire monter le crieur public, et de lui dire : « Marchez devant moi, je vais vous livrer l'homme que vous cherchez. »

En même temps le prince Herman, qui vient de

faire la connaissance de son fils et qui l'a embrassé avec une joie toute paternelle, s'occupe de sauver cet enfant malavisé. Ainsi il n'y a plus grand danger sur la tête de Wilfrid. D'un côté, il n'a insulté que son père; de l'autre part, il a le major Palmer pour porter la peine de son crime, et par-dessus le marché ce Wilfrid se raconte à lui-même l'amour de Mme de Lowembourg. Vive la joie! « Je suis un homme heureux, dit Wilfrid. — Tu es un lâche, lui répond une voix; le major Palmer va mourir à ta place. » La voix répète trois fois : « Tu es un lâche! » C'est trop de deux fois. D'autant plus que Wilfrid ne demande pas mieux que de se dénoncer lui-même et de mourir à la place de Palmer. Voilà bien de l'héroïsme et bien de l'abnégation personnelle en pure perte. Car enfin Wilfrid sait très-bien que le major Palmer est un homme de génie qui saura se retirer des pas les plus difficiles, car il est fait tout exprès pour hasarder toutes sortes de sauts périlleux. Ce dévouement de Wilfrid avec un pareil homme est un dévouement maladroit. Il devrait se fier davantage aux ressources de maître Palmer. Si celui-là veut être pendu, c'est qu'il y a quelque chose à gagner.

Les choses en sont là, lorsque nous nous retrouvons dans le palais de la reine. Sa Majesté est au conseil; Wilfrid vient d'être condamné à mort. Mme Rodolphine arrive pour demander la grâce de son fils, et elle ne rencontre chez la reine que le major Palmer. — « J'accorde la grâce de votre fils, dit Palmer, faites porter ce billet à la reine. » La reine répond au billet de Palmer : *J'abdique!* Vous voyez d'ici l'embarras du premier ministre : Éric premier ministre d'une abdication ! Palmer cependant veut parler à la reine, et justement paraît la reine qui apporte la vie du jeune Wilfrid. Ici plus que jamais le roman se perd dans un pêle-mêle inextricable, jusqu'à ce qu'enfin un peu de jour se fasse dans cette nuit profonde. Voici le fait. Cette reine, ce major Palmer, ce prince Herman, se sont mariés des deux mains les uns et les autres, seulement jusqu'ici le secret a été bien gardé, et leur main gauche n'a pas dit ce qu'avait fait leur main droite. Ainsi notre major Palmer a été le premier mari de la reine, mari de la main droite, tout comme le prince Herman a été le mari de la main droite de Mme Rodolphine. Éric, quand le trône de la Suède a éprouvé le besoin d'un autre roi que l'ivrogne Palmer, a prouvé à la reine que son premier mari était mort; et, en effet, pendant onze années Palmer est resté mort; il est revenu, et il a retrouvé sa femme mariée. Un mot de lui, et la reine est perdue. Comme aussi, pour peu que la Suède vienne à savoir que le prince Herman est marié à dame Rodolphine, la Suède se soulève contre la reine... Entre ces deux écueils le ministre Éric passe sans naufrage, rend au major Palmer sa fille Charlotte, comtesse de Lowembourg ; à ce prix-là, Palmer renonce à s'asseoir sur les degrés du trône où sa femme est assise. — Éric rend à Herman son fils Wilfrid, et Mme Rodolphine consent à quitter la Suède, non pas sans avoir marié Wilfrid à Charlotte. Ils partent. Le bon Herman suit d'un œil attristé sa chère Rodolphine ; la reine jette un dernier regard de regret sur ce mauvais sujet, si brillant et si fou, le major Palmer. « Allons régner ! » dit la reine avec un profond soupir. « Allons régner ! » dit Herman.

Vous avez pu juger par vous-même des difficultés insurmontables de ce drame impossible. Vous avez jugé que l'action était longue, pénible, heurtée, brusquée et la plupart du temps languissante. Vous vous êtes dit que vous aviez rencontré dans plus d'une comédie le personnage de Palmer, et ce ministre, et cette reine, et ce jeune enthousiaste amoureux. En même temps vous avez reconnu l'inexpérience de l'auteur, ses hésitations, ses efforts souvent malheureux, toujours énergiques et intelligents, pour arriver à la vérité,

Vous avez en tout ceci jugé comme des gens sages, et de tous ces vices de forme je conviens avec vous. Mais en même temps faut-il convenir qu'à tort ou à raison, l'intérêt est puissant, que le dialogue est vif et net, et plein de verve et d'esprit; que plus d'une fois l'invention est nouvelle; qu'il y a dans toute cette fable absurde de très-jolies scènes pleines de grâce, d'élégance, de poésie, des choses trouvées avec un rare bonheur de forme et d'expression, et qu'en fin de compte ces quatre longues heures de silence et d'attention ne vous paraissent pas des heures perdues. Grand éloge que nous faisons là, et nous n'en savons pas qui, à la place de M. Gozlan, nous touchât davantage : car qui donc ne regrette pas quatre heures de sa vie passées à entendre ces scènes impossibles, ces histoires mal inventées, ces douleurs qui n'ont rien de réel ?

C'est un grand succès pour le théâtre. Ce sera une étude utile à l'avenir dramatique de l'auteur. Mais surtout c'est là, entre tous les rôles qu'elle a créés avec son cœur et sa passion, un grand, un inespéré triomphe pour Mme Dorval.

FRÉDÉRIC SOULIÉ

LA CLOSERIE DES GENÊTS

Nous raconterons d'un bout à l'autre cette *Closerie*, et le lecteur verra par lui-même si c'est là un drame touchant, vif, animé, bien fait, écrit avec passion, avec grâce et vigueur. En un mot, c'est du bel et bon Frédéric Soulié, quand il a rencontré une action qui lui plaît, des héros qu'il aime, des probités dignes de ses respects. Il s'abandonne alors aux meilleurs sentiments de son âme; il marche d'un pas sûr dans son drame : esprit tout viril, imagination active et forte, style rapide, excellent surtout dans le dialogue; le dialogue, la première des illusions dans le roman, dans le drame, dans l'histoire, dans tout ce qui est la vie et la passion !

Si bien que vos héros, lorsqu'ils ne disent que ce qu'ils doivent dire, et lorsqu'ils ne disent que cela, sont, à coup sûr, dans la vérité, dans la nature ; ils parlent comme il faut parler, donc ils agissent comme il faut agir. A ces signes je les reconnais, et je les salue héros vraiment dramatiques... Et c'est la seule raison pour laquelle, d'un drame excellent, vous ferez un bon roman.

En même temps (et voilà pourquoi, à mérite égal, il faut préférer le drame au roman) le romancier a le temps, l'espace, la description, l'éloquence, pour arriver justement au grand effet ; le drame saura le produire par l'action, par le dialogue, et souvent d'un mot, d'un geste et d'un regard.

Le drame s'inquiète de l'événement au théâtre, à telle heure, à telle minute de la vie humaine ; il faut qu'il marche en parlant, et dans cette *course au clocher*, s'il oublie un incident nécessaire, ou s'il s'arrête à quelque pensée inutile, aussitôt tout est perdu. L'oubli le plus léger suffit à briser l'illusion ; la plus petite circonstance, mal expliquée, décèle à l'instant même le mensonge ; il faut éviter à la fois l'excès des ténèbres ou trop de lumière : tant le public est blessé que l'on mette en doute son intelligence, ou que l'on y compte plus qu'il ne faut y compter.

Romancier et poëte dramatique, M. Frédéric Soulié, vous l'avez vu dans cette *étude*, qui sera la dernière que l'on fera jamais sur lui (tant la mort est pleine, entière, accablante autour de ces hommes qui ont fait un si grand bruit durant leur vie), était passé maître en ces rares secrets du roman, du drame et de leurs soudaines passions. Romancier, il avait l'art des détails; poëte dramatique, il connaissait toutes les ressources de l'unité et de l'ensemble; il savait que ces vingt-quatre heures de haine et d'amour, d'espérance et de désespoir, accordées à ses personnages, doivent être inévitablement les vingt-quatre heures les plus tourmentées et les plus agitées de leur vie; il savait aussi par quels moyens énergiques se peut prolonger l'angoisse et la gêne de ces âmes en tumulte. Enfin il possédait d'une façon suprême l'art infini de mêler, dans les situations les plus fortes et les plus imprévues, les caractères les plus divers; d'opposer les intérêts aux intérêts, la haine à l'amour, la vengeance à la pitié, le vice à la vertu; et que, parmi tous ces hommes, occupés chacun du même événement et le voulant chacun à sa manière, il est nécessaire d'apporter tant de contrastes et tant d'obstacles qu'une fois arrivé au but, après ce grand choc des événements et des caractères, le spectateur se rende à lui-même cette justice qu'il lui était impossible d'en supporter davantage.

Je crois bien que cette *Closerie des Genêts*, avant de s'élever à la puissance du drame, a dû commencer par être un roman, et même, le dirai-je? un roman confus, mêlé, mal fait... par la raison toute simple que ce roman, à sa naissance, était véritablement un drame. On vous explique cela dans le prologue, qui n'est au fond qu'un roman déguisé, une préface où l'on vous rend compte des divers personnages que vous allez suivre, de leurs intérêts, de leurs passions, de leurs caractères.

Le prologue est une précaution nouvelle, inventée, ou peut s'en faut, par Frédéric Soulié lui-même, et plus utile qu'elle n'est habile en effet. Mais l'utilité en est si grande, et pendant tout le cours de la représentation l'excellent effet de ces clartés et de ces explications préalables se prolonge avec tant de bonheur, que les plus difficiles faiseurs de *poétiques* ne sauraient s'en fâcher.

Ensuite, quelle est la joie et le délassement du poëte, une fois qu'il est délivré de ces explications! Avec quel bonheur il nous fait pénétrer dans les complications du drame, à présent que nous avons en main le fil d'Ariane!—*Ariane, ma sœur...* et mon guide! Grâce au prologue, je les connais tous, les uns et les autres, ces héros d'une fantaisie habile et sérieuse. Voici le vieux général de l'Empire, un baron d'hier, qui grogne tout bas contre le colonel de 1840, un duc des Croisades! Voici le vieux soldat de la vieille garde ; fier des Pyramides, il est injuste pour les sables d'Alger! Ici, le vieux chouan, entêté de sa férocité bretonne ; à côté de son père, il faut saluer la jeune basse Brette, éblouie aux premières lueurs du monde nouveau, et qui s'est égarée à les suivre. Arrivent ensuite, en ce drame aux mille scènes, les *gars* d'autrefois, aux cheveux crépus, à l'âme brutale ; puis les dandys d'aujourd'hui, pâle nature, à demi effacée dans les plus tristes occupations de nos clubs et de nos boulevards. Enfin, au-dessus ou au-dessous de tout ce monde, arrive en hurlant la *lionne* aux dents blanches, aux griffes acérées, la Vénus avare, la femme à la mode des petites maisons des quartiers neufs ; la femme sans frein, sans pudeur, sans loi, sans vertus, presque sans vice... elle n'a pas d'autre vice que l'amour de soi et l'amour de l'argent.

Ce froid caractère du reptile brillant au soleil ; cette femme infectée de cette prudence déloyale, aux entrailles de Lamie, ces entrailles dont Horace ne veut pas que l'on tire même un enfant, est un être d'hier, dont la comédie avait le droit de s'emparer. Elle l'a prise ; elle en a fait la *Dame aux Camélias,* elle en a fait la *Fille de Marbre,* elle en fait la baronne d'Ange, elle en a fait l'héroïne du *Demi-Monde*. Eh bien (rendons au César ce qui est au César), elles sortent en bloc de la *Closerie* et de la *Lionne* de Frédéric Soulié, ces héroïnes qui ont occupé le théâtre et le drame pendant quatre ou cinq années : le public français a pu s'en lasser, il ne s'en est pas assouvi.

Vous cherchez leur origine... elles viennent de la *Closerie*. Elles n'ont pas d'autre père, et pas d'autre inventeur que Frédéric Soulié lui-même. Avec quel art, voisin du génie, il avait composé cette abominable Léona ! Il en avait fait le produit le plus net, le plus mathématique et le plus honteux de cette rage d'argent qui nous pousse, mêlée à cette rage de vanité. La Léona de Frédéric Soulié, c'était bien la femme à la mode en ces temps misérables, la femme horrible, qui dévore le présent, le passé et l'avenir des familles; la fille perdue et sans pitié, qui se venge de toutes les corruptions dans lesquelles elle a vécu et de toutes les misères qui la menacent ! Rien qu'à la façon dont cette horrible créature est posée, on comprend que le romancier a sondé toutes les fanges de cet abîme; on comprend qu'il connaît, à ne pas s'y méprendre un seul instant, tous les détours de ces consciences sans honte et sans remords. Eh bien ! cette haine sans contre-poids, nous la partageons ; cette rage du poëte nous plaît, nous charme et nous enchante : elle est une vengeance pour les malheureux qui ont passé sous l'ignoble joug de ces mégères, vêtues d'or, de satin ; elle est une leçon pour les idiots qui vont se brûler à ces infects feux follets qui s'exhalent des fosses immondes!

C'est très-vrai! Toucher à de pareils êtres, arracher ces voiles affreux, souffler sur ces laids fantômes qui dégraderaient même le vice, en un mot, traîner dans le mépris et dans la haine publique ces abjections entretenues par les faiblesses, par l'oisiveté, par la sottise, par la vanité, quelquefois par le crime, et toujours par le vice des enfants de famille, c'était agir comme un homme qui sait les devoirs du drame, et qui se dit qu'en fin de compte, il est nécessaire, et pour ainsi dire providentiel, qu'il y ait un enseignement, un châtiment, une vengeance, une terreur, au bout d'un drame destiné à vivre plus d'un jour.

Le premier acte de la *Closerie* est très-joli, et d'une animation piquante. La fille du vieux fermier breton Kerouan, Louise, a cédé d'une façon beaucoup trop tendre à l'amour de Georges d'Estève, un jeune homme de Paris, le propre fils du général baron d'Estève, l'ami et le vieux camarade du vieux Kerouan, le père de Louise.

Un enfant de Louise Kerouan est né, en cachette, dans cette ferme bretonne, et l'enfant, déposé à la closerie des Genêts, est surveillé par Mlle Lucile d'Estève.

Lucile, ici, c'est l'honnête fille de tous les pays, de tous les drames. Personnage charmant, jeune et vieux comme la poésie et comme l'honnêteté ! A côté de Louise, le jeune duc de Montéclain, marchant *du pas léger de l'été*, poursuit les traces charmantes de celle qu'il aime. Ainsi, pendant que, tranquille et fier dans sa joie paternelle, le vieux fermier Kerouan ne songe qu'à sa Louise, le vieux baron ne pense qu'à sa Lucile. Tout va donc assez bien, moins ce petit enfant caché, et gardé par sa seconde mère, Mlle Lucile. Et qui sait? le père de l'enfant, M. Georges, finira tôt ou tard par épouser la mère! Tout cela est raconté de bonne grâce, avec goût, au milieu d'une fête bretonne, quand chaque danseur, tenant par la main sa danseuse, improvise un couplet de la joyeuse chanson.

Hélas! cette paix profonde sera troublée, et trop vite, par la femme complice et corrompue, par cette Léona, cette mégère qui a forcé M. Georges à l'épouser! Car voilà le nouveau crime de ces sortes de femmes, leur crime inconnu jusqu'à nos jours; elles aspirent au mariage; elles le veulent, elles l'exigent, et quand le malheureux qui les paye, n'a plus rien à leur donner, quand il a porté dans cet antre infâme, la maison, les terres, les contrats, et même le testament de son aïeul, il faut que ce malheureux prostitue à une prostituée le nom même, le nom glorieux, honoré, respecté, de son père, de sa mère et de ses frères! Ouvrez-vous à deux battants, maison déshonorée, pour recevoir, en grande parure, la plume à la tête, et le fard à la joue, cette grande coquette des boulevards, des Champs-Élysées et des loges d'avant-scène, qui s'en vient prendre sa dernière étape sous ce toit indigné [1]!

Vous comprenez tout ce que cette action dramatique a d'énorme quand cette fille, nommée Léona, se vient mêler à ces douces et pacifiques vertus! Mariée au jeune Georges d'Estève, et partant belle-sœur de Lucile, et belle-fille du baron d'Estève, cette Léona veut absolument entrer avec scandale et violence dans ce qu'elle appelle ses droits de femme légitime, et naturellement elle procède par la calomnie et par le déshonneur.

Oui, justement parce que c'est là un crime hor-

[1]. Soulié racontait, à propos de son *impossible* Léona, qu'il avait rencontré une de ces demoiselles errantes; elle portait sur sa tête coupable les diamants d'une mère de famille, à peine morte depuis huit jours; elle avait mis à sa ceinture, en guise de breloques, les décorations d'un vieillard dont le fils servait de cavalier à cette infante dans ses jours d'oisiveté!

rible, ce crime lui plaît de jeter l'outrage et le déshonneur sur la sœur même de *son mari*, sur Lucile d'Estève. Aussi bien, par ses espions gagés, Léona a bien vite appris qu'un enfant est caché dans la closerie des Genêts; cet enfant, c'est Mlle Lucile d'Estève qui va le visiter chez sa nourrice : donc Lucile est la mère anonyme de ce pauvre petit! Lucile est accompagnée souvent, dans cette bonne œuvre, par le jeune duc de Montéclain : donc M. de Montéclain a séduit, a déshonoré Lucile! Telles sont les rumeurs! On chuchote, on s'agite; le paysan, méchant comme il l'est toujours, ne demande pas mieux que de dénoncer Mlle d'Estève au mépris de la contrée, pendant que les dames de l'endroit s'éloignent de la jeune et vertueuse pestiférée. Que devient Lucile alors? Que peut-elle comprendre à la soudaine proscription de ce village, dont elle est la bienfaitrice? Lucile s'éloigne sous le bras et la sauvegarde de M. de Montéclain. — La sortie est belle, et tout à fait digne de ce grand inventeur. Il y a même un moment où le jeune gentilhomme jette à terre le chapeau idiot d'un belâtre campagnard qui ne se découvre pas devant Mlle Lucile d'Estève... et c'est un beau moment.

Ceci dit, revenons aux deux pères de famille, à Kerouan, au baron d'Estève, deux glorieux débris de guerres bien différentes. Ces deux braves gens, qui s'aiment de tout leur cœur, sont occupés à parler de leurs filles avec cette douce joie paternelle qui ne prévoit pas de démentis, lorsque soudain tout se trouble en cette joie. Un valet a vu revenir Mlle Lucile, seule par les chemins, avec M. de Montéclain.—Seule ! dit le baron.—Lucile arrive, et pour la première fois Lucile ment à son père. En même temps, le cri d'un enfant se fait entendre dans le pavillon de Mlle d'Estève ! C'est l'enfant de la closerie que la *lionne* a fait transporter là, dans ce pavillon. En ce moment Lucile est perdue ; il est vrai qu'un mot dit à son père, à ce père qui l'accuse, va faire tomber le père aux pieds de sa fille ; oui, mais ce mot, comment le dire en présence de Keronan, le père de Louise ?

Ici l'inquiétude et la terreur de l'auditoire sont à leur comble. Ce qui est honnête est si dramatique et si grand ! C'est à la chose honnête, c'est à l'émotion vertueuse qu'il nous faudra revenir tôt ou tard, si nous voulons faire verser de justes larmes. Vous avez beau chercher l'intérêt dramatique dans les cris, dans les larmes, dans les crimes, dans les réhabilitations posthumes du vice, dans les *Trois Hommes rouges* et dans le *Café des Aveugles*, un sentiment calme et pur l'emportera toujours sur les plus habiles violences ! Il n'y a que ce qui est honnête qui soit éternel ! Touchez-la hardiment, cette noble corde du cœur de l'homme, et soudain vous la reconnaîtrez, impérissable, éternelle, à ses toutes-puissantes vibrations.

L'acte suivant (le troisième) n'est pas d'un effet moins dramatique. Le général d'Estève, accablé soudain sous l'immense déshonneur de sa fille, courbe la tête un instant, silencieux, immobile et muet. Vous vous rappelez ce beau vers de Racine :

> Et les plus malheureux osent pleurer le moins !

L'instant d'après, la fureur, l'indignation, le mépris, la honte, tirent le vieux soldat de la stupeur où il est plongé, et il s'en va demander au duc de Montéclain la réparation par les armes. — Sur l'entrefaite, le duc arrive ; en présence de ce désespoir qui peut tuer ce malheureux père, M. de Montéclain met sous les yeux du vieillard une lettre !... une lettre écrite à Lucile par la fille de Kerouan. Ah ! si vous aviez vu la joie, l'émotion, l'orgueil, le repentir, l'intime bonheur de ce père qui retrouve sa fille innocente... qui la retrouve grandie par la patience, par le courage et par la vertu ! Pour arriver... si naturellement, et avec si peu d'efforts à de pareils résultats, il faut avoir véritablement une belle imagination, en même temps il faut savoir obéir, inspiré et docile, à l'ordre des idées, à l'enchaînement des faits. Voilà d'abord le grand art, et voilà l'heureuse hardiesse : ne pas redouter les scènes difficiles, mais au contraire y pénétrer fièrement par le milieu de son drame, et, une fois à cette place ardue, s'y maintenir jusqu'à la fin, tant on aura mis de choix dans les moyens, de prudence dans les effets, de vérité et d'énergie en son discours : *Veras hinc ducere voces !*

Mais ce n'est pas assez que l'innocence de Lucile d'Estève éclate aux yeux de tous, il faut aussi, et tout naturellement, que le crime de Louise se fasse jour dans cette action tumultueuse et si cruellement remplie. En effet, l'instinct paternel du vieux Kerouan devine ce que contient cette lettre que lui cache le général d'Estève, et cette lettre, le vieux chouan force sa fille Louise, Louise à genoux, de la lire d'un bout à l'autre. Hélas ! pauvre Kerouan ! à son tour il courbe la tête ; il s'éloigne écrasé sous ce fardeau inattendu de honte et de désespoir. Frédéric Soulié avait fait un grand roman à propos de la Vendée, et il connaissait à fond ce monde armé, plein de rancune et de loyauté !

Vous croyez peut-être que le drame enfin vous laissera quelques instants de repos ? Votre âme en a besoin, votre esprit hésite et se trouble, et vous cherchez à vous reconnaître en ces émotions si diverses dont vous êtes le jouet. A qui en veut-on où est l'homme à plaindre? où donc va s'arrêter l'intérêt, cette puissance irrésistible qui jusqu'à présent a passé, tour à tour, à chacun de nos héros? Laissez aller le drame, et le laissez agir. Jusqu'à présent le poëte est dans le plein exercice de ses droits, et pourvu que l'intérêt se pose enfin une bonne fois sur une de ces têtes qu'il a frappées, et que l'intérêt ne s'arrête plus qu'à la fin du drame ou du récit... l'unité même n'a rien à dire. Passez donc, s'il vous plaît, et pour ne plus les quitter, du baron d'Estève au vieux Kerouan, de Lucile à Louise!

Le personnage le plus touchant peut-être de la comédie antique. (on se ressemble de si loin!), le Ménédène de Térence, le voisin de Chremès, ce père qui gronde toujours, vous représente, à s'y méprendre, le vieux Kerouan de Frédéric Soulié. Tout comme le père du jeune Clinias, le père de Louise cherche à se garantir de sa propre férocité. *Héautontimorumenos*, c'est-à-dire *l'homme qui se hait lui-même*, voilà tout le quatrième acte de la *Closerie*, et ce mélange charmant de tendresse et de sévérité paternelle se retrouve ici encore, après deux mille années, dans toute sa grâce et dans toute sa force. Le père de famille qui se demande, en effet, si sa justice ne dépasse pas toutes les bornes, le père de famille qui devient son propre bourreau, voilà le héros de Térence, et voilà le héros de Frédéric Soulié.

Dans l'intervalle, avec la comédie, avec le Ménédène de Térence, Diderot a composé, de son côté, le *Père de famille*. — « O mes espérances perdues ! — J'ai de la peine tout ce que j'en puis porter ! » J'aime cette peine de tous les pères infortunés, parce qu'elle est vraie, et parce qu'elle est touchante ; le vieux Kerouan se *hait* lui-même de ranimer, comme à plaisir, la plaie saignante de sa fille ; mais c'est l'honneur qui le veut. Père de famille, Kerouan veut tout au moins châtier le misérable qui a porté le désordre et la honte sous son toit, honoré naguère et tout brillant des chastes et glorieuses splendeurs du foyer domestique, et quand enfin il apprend que le coupable, c'est M. Georges, le propre fils de son ami et ancien camarade le baron d'Estève, tout ce que peut faire l'honnête Kerouan, aidé de sa fille Louise, c'est de permettre à ce M. Georges d'épouser la fille qu'il a séduite. « Allons ! c'en est fait ! je pardonne ! » En disant : « Je pardonne ! » il avait la rougeur au front, ce terrible vieillard.

Ici est tout le drame, un drame impitoyable ;

car, maintenant qu'il se trouve en présence de ce père outragé, il faudra bien que Georges d'Estève explique enfin pour quels motifs impérieux il a été si lâche et si perdu d'honneur que d'abuser de l'innocence, de la beauté, du courage et du dévouement de Louise! — « *Je suis marié!* » dit Georges, et cette fois le châtiment arrive, aussi funeste que vous pourriez le rêver. Cette fois, voilà la justice! Elle éclate à la façon de ces foudres qui traversent un ciel serein! Cette fois il faudra bien que ce don Juan de village et de boudoir, ce Lovelace du dernier ordre, convienne, en présence de tous les honnêtes gens, qu'il s'est laissé lâchement précipiter dans ces noces qu'il abhorre! A ce mot extrême, à ce cri vengeur, à cet opprobre inattendu : *Je suis marié!* tout est dit, tout est conclu! Il ne reste plus qu'à châtier ce lâche et ce malheureux, qui a tendu la main aux chaînes d'une femme déshonorée.

Comment donc! il avait un père, une sœur, des amis, de la naissance, des parents, des richesses, une *patrie florissante*[1], une honnête et charmante maîtresse qui l'aimait d'un amour dévoué! Il avait un enfant; il avait tout ce qui fait aimer la vie et tout ce qui l'honore... et, traître à tant de liens, il

---

1. *Patriam incolumem.* (TÉRENCE.)

a sacrifié tous ces bonheurs à ces affections déréglées et pleines d'orages, à ces penchants dénaturés, suivis de tant de hontes! A cette heure, l'égarement est complet; absolue est la honte; et pour tout châtiment, j'aurais voulu voir ce malheureux écrasé sous les ruines de tous ces honnêtes amours. Justice alors eût été faite; le drame était accompli; on eût laissé cet homme *à sa femme*, et Lucile et son père, et Louise et Kerouan, ces jeunes gens, ces enfants, ces vieillards, trahis ou déshonorés par ce coupable absurde, se seraient trouvés trop vengés.

Tout le drame est là, toute la leçon, tout l'intérêt; plus le poëte a déployé de talent, d'esprit et d'audace à ce moment funeste, et plus nous devons refuser de le suivre au delà de ces limites terribles. Ma leçon est irrésistible, et mon drame est complet! Pourquoi donc aller plus avant? A quoi bon, quand déjà vous nous avez raconté, avec un rare bonheur, tant d'histoires particulières dans ce drame, nous précipiter dans une série atroce d'explications et de commentaires sans fin?

« Mais, dites-vous, ne faut-il pas que je châtie, à son tour, la fille de joie? et le public n'eût-il pas murmuré si j'avais laissé Léona comtesse et dame de cent mille écus?... » Châtier la fille de joie, à quoi bon? C'est le jeune homme livrant sa vie entière à ces joies honteuses qu'il s'agissait de châtier! On ne *châtie*, en fin de compte, que les créatures dignes qu'on les corrige, et, Dieu merci, le châtiment de ces créatures immondes, il est dans les rides de leur visage, à la pointe de leurs cheveux qui blanchissent, au bout de leur nez qui rougit. Il est dans la honte, il est dans le silence, il est dans le mépris; il est dans l'air qu'elles respirent, dans l'insolence de leurs valets, dans la pitié de leurs voisins. Cette honteuse Léona, pour nous, est toute châtiée, et pas n'est besoin de votre dénoûment pour que nous soyons sûrs que cette misérable ne peut pas être heureuse. — Oui! mais il fallait sauver Louise!... A quoi le bon sens répond que, désormais, Louise ne peut plus être sauvée... il lui faudra nécessairement épouser ce malheureux jeune homme abandonné à ces passions imbéciles, ce malheureux tout souillé des baisers *de l'autre*. Le beau présent à faire à Louise Kerouan!

JULES LACROIX ET MAQUET

VALERIA

Dès le premier mot je trouve un grief contre le drame de MM. Jules Lacroix et Auguste Maquet. Ils ont choisi un héros impossible ; et plus ils ont étudié avec un zèle infini cette image dégradée et lamentable de la majesté impériale, plus ils ont ajouté, sans le vouloir, aux difficultés de leur entreprise. A peine Claude apparaît au premier acte, que déjà se fait sentir le vide autour de ce pantin qui obéit tour à tour à l'affranchi Pallas, à l'affranchi Narcisse, « ces deux ennemis de l'univers éperdu, avant qu'ils fussent devenus l'ennemi l'un de l'autre. » Il faut donc nécessairement que mon intérêt se reporte de cette tête imbécile à la tête puissante, et que j'abandonne l'empereur pour l'affranchi.

Or c'est justement ce qui arrive, et dès la première scène. On rit un instant de ce bouffon couronné, et l'instant d'après on prête une oreille attentive à la lutte des deux affranchis Pallas et Narcisse. Ils se sont poussés, Pallas et Narcisse, en prenant chacun une des deux femmes qui mènent la cour, au pouvoir d'aujourd'hui, en attendant la toute-puissante de demain. La femme échue à Pallas, c'est Valeria l'impératrice; la femme qui obéit à Narcisse, et Narcisse a bien choisi, c'est Agrippine elle-même, ambitieuse et violente autant que l'impératrice était lascive et perdue en mille désordres qui dépassaient toutes les limites de la luxure, *portenta luxuriæ!* A cette Agrippine et à son fils l'empire allait appartenir! Cette grande image d'Agrippine était bien trouvée et hardiment posée dans le drame, et si les deux poëtes avaient poussé leur idée à bout, ils menaient à bien un très-beau rôle. Hélas! ils n'ont pas osé oser! A peine ils ont indiqué cette terrible et formidable puissance, qui devait tout anéantir autour d'elle, jusqu'au jour où la mère de Néron tombera sous le couteau de ce fils qu'elle a couronné à force de crimes, de parjures et de trahisons.

Ainsi, au premier acte, Claude l'imbécile s'assied sur son tribunal, et il se met à juger, en véritable Perrin Dandin caché sous la pourpre des Césars. Il décide non pas

De vi paragrapho, messieurs, *caponibus!*

mais de la fortune des provinces indignement pillées et de la mort des citoyens les plus illustres. Ces empereurs de Rome, autant d'avares et de bourreaux ! A défaut de liste civile, ils avaient les crimes de lèse-majesté; la confiscation était leur revenu le plus clair; ils appelaient le bourreau quand leur trésor était vide. Ils disaient, eux aussi, comme ce malheureux disait l'autre jour : *Quand on a du fer, on a du pain!* Ils avaient le glaive, et par le glaive ils tenaient toutes les fortunes. Caligula égorgeait les riches pour son propre compte, et Claude pour le compte de ses affranchis. Un jour (l'impératrice avait envie des beaux jardins plantés par Lucullus, et possédés à cette heure par le jeune Valerius Asiaticus), Claude à son tribunal fait citer Valerius Asiaticus; le jeune homme est accusé d'un grand crime, du crime de lèse-majesté; il était prêt, mais quand il se voit en présence de ces délateurs à perpétuité et sous le coup de cette épidémie horrible, pire que les guerres civiles, et fort semblable (j'en demande pardon à l'histoire romaine) à nos héros du Comité de salut public battant une monnaie exécrable à force d'échafauds, Valerius Asiaticus, appelant à son aide son éloquence et son courage, se met à plaider *pro domo suâ* en si beaux termes que l'empereur est touché d'une profonde pitié; elle-même, l'impératrice, ô révolutions du cœur des femmes! frappée au cœur par le noble accent de cette parole virile, elle se mit à fondre en larmes, à ce point que ses larmes ruisselaient à travers ses deux mains dans lesquelles se cachait son visage! Elle quitta la place pour essuyer ses yeux; mais comme elle passait devant l'accusateur, devant le Fouquier-Tinville ou le Jourdan coupe-tête de ce temps-là, elle le toucha du coude, et toujours la main sur ses yeux humides : « Il faut qu'il meure! » dit-elle à voix basse. Est-ce là, je vous prie, une scène assez terrible, et l'effet de ces larmes, de cette pitié subite, de cette rage qui revient, de ce tribunal de sang tout empreint de pitié et d'horreur, était-ce là un effet assez terrible, assez touchant dans le drame de nos deux poëtes, s'ils avaient eu le droit de s'emparer de cette scène étrange? Hélas! ils s'étaient privés à l'avance du plus beau mouvement de leur premier acte... Et voici comment ils s'en sont privés.

Car j'ai beau retarder autant que possible la grande difficulté du drame joué vendredi au Théâtre-Français, en vain je m'attaque à l'empereur Claude et aux faiblesses de cet esprit à moitié créé, il faut bien que j'arrive au grand paradoxe de cette pièce, et que j'annonce au lecteur stupéfait la nouvelle et incroyable hardiesse qu'après tant d'entreprises hardies et tant de réhabilitations incroyables, le drame vient de se permettre enfin, comme pour mettre le comble à toutes ses audaces et pour que l'échelle fût tirée une dernière fois sur les tentatives à venir. Écoutez-moi bien, et vous verrez si, malgré toute l'estime que mérite un travail habile, savant, ingénieux, plein de conscience et de mérite, il était impossible à la critique la plus bienveillante de dissimuler les difficultés et les périls d'une entreprise appuyée de tant d'exemples funestes, et qui, j'en suis sûr, n'aura pas d'imitateurs, tant il serait impossible d'aller plus loin désormais.

Eh bien, puisqu'il le faut, puisqu'il faut l'appeler par son nom, sachez donc que l'héroïne de cette comédie, et je prends le mot *héroïne* en bonne part, la femme innocente et malheureuse, le cœur honnête et dévoué, la reine qui rêve l'honneur de la couronne et le repos de l'univers dont elle sera la Providence, une âme héroïque et chevaleresque à la façon de nos grandes duchesses du moyen âge, cette Valeria qu'il faut adorer à deux genoux, la petite-fille, en effet, de Valerius

Messalinus Barbatus, qui eut pour son aïeule Octavie, Octavie l'amie de Virgile et la sœur d'Auguste, cette Valeria entourée de louanges, d'adorations et de respects unanimes dans le drame de MM. Auguste Maquet et Jules Lacroix, c'est Messaline !!!

Quoi ! Messaline ? la femme dont parle Juvénal, qui sortait la nuit de la couche et du palais du césar Claude, et qui s'en allait à l'aventure exercer à beaux deniers la profession de la courtisane Lysisca ? — Elle-même, Messaline ! — La Messaline fatiguée et inassouvie de ses débauches clandestines, qui rapportait sur l'oreiller de César la fange et l'odeur du bourbier dans lequel elle s'était plongée ? — Elle-même, Messaline, la Messaline dont parle Tacite la rougeur de la honte sur le visage, et dont il parle avec tant de précautions solennelles. « Je sais bien, dit-il, que je vais trouver des incrédules et que l'on m'accusera de raconter des choses énormes. » Et cependant il les raconte ! — Oui, c'est elle-même, Messaline, la femme de Claude, l'impératrice qui, possédée d'un amour voisin du délire, épousa publiquement, en plein jour, Silius, son amant, *afin d'avoir des enfants*. Ils étaient convenus l'un et l'autre que ce nouveau ragoût manquait à leur adultère public (« Croyez-moi, ajoute Tacite, j'ai parlé à des témoins oculaires »), et ils dressèrent un contrat de mariage ; ce contrat fut signé par des témoins, et l'impudique mariée, la tête couverte du voile des fiancées, fut conduite en grande pompe au lit nuptial que recouvre la pourpre de Tyr !

Ainsi parle ce Tacite, et sur ce ton indigné il parle longtemps ! Il entre sans pitié, et Juvénal lui-même n'en a pas dit davantage, dans les moindres détails de ces noces insolentes, et il nous explique comment l'indignation publique avait été moins furieuse lorsque l'impératrice s'était livrée à un vil histrion, Mnester, l'ancien favori de Caligula, qui faisait la police quand César daignait se donner en spectacle aux Romains ! En un mot, ils sont tous d'accord, satiriques et historiens, sur les faits et gestes de Messaline. Elle a dicté des lois ! Elle a été une des puissances qui régnaient au nom de Claude ! Elle a légué un fils à l'empire ! Elle est morte égorgée, non pas par l'ordre de l'empereur, qui déjà la rappelle, mais par l'ordre de Narcisse, devenu le dictateur de cet empire aux abois ! A coup sûr ce ne sont pas là des accusations indirectes et contre lesquelles on puisse revenir ; ce ne sont pas des paroles du bout des lèvres, elles ont un fond qui est la conscience même du genre humain : *Habent hæ voces fun-*

damentum ! Lui-même, un des auteurs de *Valeria*, M. Jules Lacroix, un admirable rhétoricien, très-versé dans l'interprétation des grands écrivains de Rome, dans une traduction récente en vers, et en beaux vers, des satires de Juvénal, que l'Académie a couronnée, il a reproduit, avec la fidélité la plus terrible, ces alexandrins vengeurs; et pourtant M. Jules Lacroix, infidèle à son chef-d'œuvre, a fait de Messaline la grande, l'honnête, la superbe, la *chaste* Valeria !

Mais quoi ! on ne peut pas éviter sa destinée ! Au premier acte, l'honnête et loyale impératrice, insultée par l'austère et chaste Silius (car la fiction et le mensonge vont de la maîtresse à l'amant), vient en aide à Silius; elle plaide sa cause, et quand l'infortuné jeune homme, condamné par César, s'en va dans l'arène pour se battre avec un tigre et deux lions, l'impératrice se trouve mal ? Que vous dire ? Elle a vu Silius : elle l'aime, et, en sa qualité d'honnête femme, elle s'en va du même pas, à travers les ténèbres de la ville éternelle, au logis de Silius. « La caque sent toujours le hareng », dit le proverbe. Il dit aussi : « Qui a bu boira. » Et, véritablement, vous conviendrez que l'impératrice Messaline joue en effet d'un grand malheur, puisque les deux uniques poëtes qui se rencontrent, au bout de dix-sept cent cinquante et un ans, pour la réhabiliter sur un théâtre bâti dans ces Gaules dont elle épuisa les trésors, se voient contraints, par la force même du drame et des circonstances, d'obéir aux anciennes habitudes de leur héroïne. Elle est, dites-vous, la plus honnête des femmes; elle n'a jamais commis, vous en êtes sûrs, vous le jurez sur l'autel d'Apollon et des Muses, aucun des crimes dont l'accusent Tacite et Juvénal, et cependant voyez ce que vous faites malgré vous, dominés que vous êtes par votre besoin de réhabiliter la femme de Claude : vous la poussez tout à fait dans le sentier où l'ont rencontrée et Tacite, et Suétone, et Juvénal, et cette ville de Rome qui n'ignorait de rien et qui était le centre du monde. Juvénal dit : « Elle sort la nuit du palais... » Vous la faites sortir, et dans la nuit. « Elle est couverte d'un voile... » Elle porte un voile. « Elle se glisse dans une maison mystérieuse... » Eh! voilà la maison, et de si mauvaise apparence, que, de votre aveu même, le préfet de Rome ne distingue pas cette maison-là de la maison même de Lysisca la courtisane. O grande force de la vérité! On en trouverait difficilement un exemple plus remarquable : la déification de Messaline qui se tourne en honte autant que l'accusation!

Aussi bien Silius, qui est devenu (nous l'avons

dit, mais comme on change!) un très-honnête homme, est fort étonné de cette visite de l'impératrice, à cette heure, en ce lieu, chez un jeune homme, entourée et suivie de toutes les polices que Narcisse et son camarade Pallas ont pu mettre à ses trousses! Avouez que la véritable Messaline n'en ferait pas davantage. « Il est hardi, mon petit projet! » disait en son temps Mme la comtesse Almaviva, et chacun de trouver qu'elle avait raison. Mme Almaviva est une enfant, comparée à l'innocente Valeria.

Cependant, et comme contraste, il faut reconnaître que Lysisca la courtisane se conduit avec plus de prudence et de meilleur goût que l'impératrice elle-même. Lysisca, amoureuse de Mnester, le bouffon à la mode, ne va pas chez Mnester: elle lui donne un rendez-vous chez elle, à son heure; elle commande, et le bouffon d'obéir! Elle est plus grande dame en ceci que Valeria l'impératrice. Remarquez bien cette Lysisca, elle ressemble à la femme de Claude; elle est la propre fille de Claude, et son père, en doute de sa paternité, l'a exposée enfant et toute nue au seuil du palais! Si donc elle a marché sur les traces brillantes et passagères de Glycère, de Laïs, de Phryné et de Néobule; si elle a couru le guilledou avec Dorica, Thaïs ou Théodote, ce n'est pas tout à fait la faute de Lysisca, c'est le sang de ses veines qui la pousse! Elle appartient à cette race impure de femmes patriciennes dont l'infamie et le déshonneur rejaillissent sur le front même des plus dignes et des plus excellents empereurs. Commode, le fils de Marc-Aurèle, était en réalité le fils d'un gladiateur. La fille d'Auguste, Julie, avait donné le signal de ces désordres; la fille de ce même Marc-Aurèle, Lucile, digne enfant de sa mère Faustine, et sa sœur Annia, épouvantèrent de leurs désordres même ce monde qui savait par cœur les vers de Juvénal. C'est quelque chose d'affreux, cette histoire de la licence des impératrices de Rome, et qui justifie et au delà les folies des affranchies, maîtresses d'elles-mêmes et de leur cœur. Ainsi, sans le vouloir encore, MM. Jules Lacroix et Maquet se sont exposés à cet accident inévitable. Ils voulaient nous intéresser à leur héroïne, et faire de Lysisca le bouc émissaire de toutes les infamies de l'impératrice..... Il est arrivé, et il devait arriver que le public s'est intéressé surtout à Lysisca, et la courtisane a trouvé grâce. La public a dit, ou peu s'en faut, à l'aspect de Lysisca, ce que disait Caton le censeur : « Courage, jeune homme, voilà la vertu! » En ceci rien n'étonne. Une fois que vous êtes dans le faux, vous ne pouvez pas savoir où vous allez; vous êtes dans le mensonge, et c'est à l'infini ! Certaines limites que l'artiste ne doit jamais franchir, une fois franchies, on arrive à mettre à une belle personne cette funeste crinière de cheval dont Horace s'indigne en son *Art poétique*. Le mensonge, ce n'est pas seulement une pente, c'est un précipice : on veut glisser, on tombe ; on se dit : « Je commande au hasard », c'est le hasard qui vous mène, au contraire. Tu te plains d'être brûlé : pourquoi jouer avec le feu ?

En ce moment du deuxième acte, le théâtre est divisé en deux parties : on voit l'impératrice implorant un regard de Silius ; on voit, l'instant d'après, Lysisca sur le pas de sa porte, dans l'attitude d'une jeune demoiselle du monde qui tend ses filets aux passants. Ainsi faisait Laïs ; la Grèce reconnaissante a consacré une tombe à Laïs : « L'Amour l'engendra, Corinthe la nourrit, elle repose sous les fleurs ! »

Or Lysisca et Valeria, dans la pensée des deux poëtes, vous représentent deux personnes jumelles, deux corps ressemblants, habités par deux âmes différentes ; les deux *sœurs* ménechmes, mais représentées (voilà la curiosité et l'intérêt) par une seule et même personne..... Autant, à mon sens, vaudrait en mettre deux. Le drame y gagnerait de la vérité et de la vraisemblance ; il échapperait par ce moyen à la plus fausse et à la plus triste combinaison qui puisse survenir dans un drame sérieux écrit sérieusement, c'est-à-dire au tour de force! Eh! le tour de force, il appartient aussi à l'infini! On sait où il commence, on ne sait pas où il s'arrête! Un homme avale une grenouille vivante, il finit par avaler une couleuvre! il mâche de l'étoupe enflammée, il en vient à se plonger une épée au fond du gosier! Telle femme a voulu tâter de quelque rôle extraordinaire, elle finira, d'efforts en efforts, par danser sur la corde et sans balancier! Il ne faut pas toucher au tour de force quand on est un vrai poëte et pour peu que l'on soit un grand artiste. Pour bien faire en tous ces arts difficiles où notre vie est condamnée, il faut être touchant ou terrible, amoureux ou railleur ; il faut intéresser, il faut plaire, il faut étonner tout au plus, et malheur à qui passe à l'état de curiosité, à l'état de phénomène! Il aura tôt ou tard sa place méritée entre le veau à deux têtes et la sirène empaillée. Claude l'empereur et Messaline sa femme étaient certes d'assez rares phénomènes de luxure et de meurtre pour que le drame s'en contentât... *Portenta luxuriæ!* Que vous faut-il de plus?

Le troisième acte appartient tout entier à Lysisca. Il s'agit de nous la montrer, à la façon de Juvénal, échevelée, haletante, lassée, et non pas assouvie! Il y a dans Bossuet un mot pour dire cela... *le hennissement!* Donc nous entendrons le hennissement de Lysisca à ce moment de l'histoire romaine où les voluptés commencent à tourner en pus et en poison, *quum voluptates suppurare cœperunt;* cherchez à traduire, je vous en défie! Ah! pauvre Lysisca! prends garde à ce troisième acte, on va te traiter comme une impératrice..... *multum latrante Lysisca!*

En ce moment l'assemblée du Théâtre-Français nous représentait tout à fait ce peuple dont parle Tacite, avide et inquiet de toute espèce de nouveauté, *novarum rerum cupiens, pavidusque.* Ici commence le droit impérial, le *jus osculi*, le droit du baiser, comme on disait : *Jus aureorum annulorum*, le droit des chevaliers de l'anneau d'or. Allons, courage! Ici nous avons un mauvais moment à passer; ici nous allons prendre en pitié et en dégoût l'espèce humaine; ici commence l'orgie et la nuit suprême du mont Aventin. A quoi bon cependant, s'il vous fallait absolument une orgie, à quoi bon cette orgie à ce point ivre et délirante? A quoi bon tant de vins et tant de baisers dans cette coupe d'or? Pourquoi ces chansons? Pourquoi ce défi à la tragédie incarnée dans les maîtres de la scène? Corneille et Racine, Voltaire lui-même, qui a tant osé, n'eût jamais permis à

Lysisca de parler seulement comme parle au quatrième acte la reine de Carthage :

> *Namque ut supremam falsa inter gaudia noctem*
> *Egerimus nosti!*

Je ne sais pas comment s'est passée la nuit dont tu me parles, reine désolée, et, par pitié pour toi, par respect pour moi-même, je ne veux pas le savoir ! *Nec velim objurgare naturam!*

Ainsi Voltaire lui-même eût parlé ! Corneille, austère et Romain, se fût écrié de sa voix indignée : Il n'est ni bon ni convenable de souiller le drame à ce point-là : *Non decet sic contaminari fabulas*. Et savez-vous où se rencontre cette parole latine? en tête des *Contes* de La Fontaine! et ceci écrit de la main de La Fontaine! Appelé à cette fête, le chaste Racine se fût voilé les yeux de son manteau ; il eût évoqué, à l'aspect de cette Lysisca hennissante, sa jeune princesse,

> Dans le chaste appareil
> D'une beauté qu'on vient d'arracher au sommeil.

Il ne faut pas, eût dit Despréaux, que la tragédie, à l'exemple des illustres Romaines de cet empire qui n'a pas où tomber, aille inscrire son nom sur la liste des courtisanes, ouverte chez le préteur !... Telle a été l'opinion générale, à ce troisième acte. En vain l'actrice a redoublé d'efforts et d'audace, en vain elle a appelé à son aide la pose, le geste, le cri, le regard, la câlinerie ardente de la voix et du regard... toutes les séductions permises et défendues ; le public est resté froid, attristé, immobile et silencieux au milieu d'un parterre à l'avance provoqué, et remplissant de ses clameurs impuissantes ces nobles voûtes qui ont vu éclore tant de belles œuvres, entourées d'une juste sympathie et de respects mérités.

On demanderait ensuite, si l'on voulait insister sur ce troisième acte, s'il est bien probable et même à des yeux aussi éteints que les yeux de l'empereur Claude, que l'impératrice, partie le matin pour sa maison des champs, avec Mnester qu'elle emmène avec elle, soit revenue en si grande hâte au Quirinal tout exprès pour se faire surprendre en flagrant délit d'adultère avec un être décrié, un Mnester, un de ces bouffons que les satiriques eux-mêmes indiquent à regret: ces chevaliers *déshonorés* par les jeux du cirque, *romana arena fœdati!* dit Suétone; *ludo polluti*, flétris par les jeux du théâtre, dit Tacite. A quoi on peut répondre : « Eh ! ne voyez-vous pas que l'empereur est pris de vin tout autant que Lysisca, et qu'il n'a pas le temps de se livrer aux réflexions d'un homme de sang-froid ? » A notre tour nous répondrons que c'est un grand malheur, en poésie, de livrer au vin tout à la fois la femme, l'amant et le mari. Tant de vin répandu pour arriver à verser tant de sang! Y songez-vous? Un drame qui se passe entre deux dîners, *intra compendinationem*, est-ce possible? Nos deux poëtes tragiques avaient-ils fait avant ce jour la somme totale de toutes les fractions de honte, de débauche, de crapule, de massacre et de brigandages qu'il leur a fallu employer pour arriver à la perpétration savante de cette funèbre composition?

De ces cinq actes, le quatrième est le meilleur, sans contredit. Lysisca disparaît pour ne plus revenir, et l'impératrice se montre en impératrice enfin! C'est grand dommage, savez-vous, qu'à cette idée d'une impératrice qui va sauver le monde s'ajoute l'idée importune de la courtisane, et que Lysisca et Valeria se ressemblent au point qu'il est impossible de ne point les confondre l'une et l'autre. Ah! si l'on m'écoutait et si l'on voulait sauver les vraiment belles parties de cette comédie, on aurait bien vite dédoublé le rôle, afin que chacune des deux comédiennes, maîtresse de son art et de sa passion, s'en vienne sans effort et en toute liberté représenter le personnage dont elle porte le nom! Je vous entends encore: *le tour de force!* Eh! le vrai tour de force pour une comédienne qui se respecte et qui s'aime, c'est justement de ne pas faire de tour de force, de rester dans le bon sens, dans la raison, dans la vérité, dans le grand art! Le tour de force, c'est ne pas réunir ce que le poëme a séparé, c'est de ne pas accoupler le vice et la vertu, le palais des rois au mauvais lieu, le sceptre à la batte d'arlequin. Voilà non pas le tour de force, mais voilà la force!

Ceci dit, j'aime le quatrième acte. Il n'est pas sans intérêt et sans grandeur. Nous sommes délivrés de Claude, un grand obstacle. Nous arrivons à la conclusion de cet événement nouveau. Valeria, reine, en chassant Pallas, son mauvais génie! Un peu d'air enfin, un peu d'espace, se fait jour dans ce drame étouffé par tant d'événements impossibles, et par tant d'aventures incroyables. Jusqu'à la fin, Valeria est la victime de cette affreuse méprise. Elle va pour épouser Silius; l'ami de Silius s'écrie soudain : Salut à toi, Lysisca la courtisane! Et voilà comment Claude fut sauvé, et comment Agrippine est parvenue à placer son charmant fils sur le trône des Césars!

« J'ai couvé ces serpents à l'usage du peuple romain », disait Tibère en contemplant Caïus, son successeur.

Le cinquième acte est très-rapide et s'accomplit sans encombre. Rome entière est soulevée, Valeria est en fuite comme autrefois Messaline lorsqu'elle eut épousé Silius. « Deux courtisanes, payées par Narcisse, avertirent l'empereur. On était à l'automne. Messaline, ivre d'amour, célébrait les vendanges dans ses jardins. Le vin coulait à longs flots; les satyres et les bacchantes criaient *Evohe* ! en dansant. Elle-même, les cheveux épars et la main armée du thyrse, elle poursuivait son amant Silius ! Un des invités à cette fête était monté sur un arbre et regardait dans le lointain. « Que vois-tu là-bas? dit la bacchante «—Un grand orage du côté d'Ostie! » répondit-il. Cet orage, c'était l'empereur qui s'avançait poussé par Narcisse! »

Alors le drame se précipite à sa conclusion. Les prétoriens envahissent la maison de Silius; Claude reconnaît chez son rival les plus beaux meubles du palais impérial ; il se fâche, il s'enivre, et déjà le vin lui montant au cerveau, il appelle avec pitié, bientôt avec amour cette pauvre femme!... Narcisse envoie aussitôt son esclave Evode, avec ordre de tuer cette femme. Evode la trouva couchée par terre, sa mère Lépida auprès d'elle! « Il faut mourir, c'est l'ordre! » En vain sa mère l'encourage et l'exhorte, elle n'a pas la force, cette vile créature, de se percer du poignard! Elle crie, elle pleure, elle demande grâce, elle fait comme fit Mme Dubarry sur l'échafaud : « Grâce! pitié! pitié! monsieur le bourreau! »

Evode la tua d'un coup d'épée! On mit à mort tous les amants de Messaline, et même le pantomime Mnester! En vain il criait: « Je n'ai fait qu'obéir à l'empereur; si j'ai été l'amant de Messaline, c'est à mon corps défendant. » En vain quelques hommes du conseil représentaient que c'était une honte de traiter un vil histrion comme avaient été traités des sénateurs, et que, dans l'histoire d'une si grande dame, cette espèce-là ne comptait pas. Claude penchait pour son mime... On traita Mnester comme s'il eût été un chevalier; il criait, lui aussi : « Grâce! merci! pitié! » Tirons un voile, et laissons là ce coin fangeux!

Résumons-nous. La pièce était impossible; grâce au talent des deux poëtes, elle existe, elle vit, elle a été écoutée, applaudie, elle sera jouée, et nous ne voyons pas d'obstacle à ce qu'elle soit jouée longtemps. Le premier acte est bien fait. Le second acte est curieux. Il faut absolument modifier, à l'acte suivant, si l'on veut qu'elle soit tolérable et tolérée, la scène imprudente du vin, des chansons et des âcres baisers! Nous avons dit que le quatrième acte était beau et bon. Le dénoûment suffit! La pièce est écrite avec goût, avec talent, avec une certaine emphase qui se fait pardonner volontiers. Si on l'avait sous les yeux, on trouverait facilement à reprendre. Le mot *décapiter*, par exemple. « On l'a *décapitée.* » Ah! le mot malheureux! Effacez ce mot-là au plus vite! Claude, qui était un puriste, demandait pardon au Sénat d'employer le mot *monopole*. Un rhéteur disait à Auguste : « Tu peux, César, donner aux hommes le droit de cité, non pas aux mots! » Effaçons, encore une fois, cette décapitation!

GEORGE SAND

MAUPRAT

Parmi les quelques romans contemporains qui vivent encore, après avoir palpité à peine un jour, il faut placer le *Mauprat* de George Sand. Ce drame, à coup sûr, n'a pas la grâce, la vie et la puissance de plusieurs de ces beaux livres dont tout galant homme a gardé le souvenir : *Valentine, Indiana, Geneviève, François le Champi, la Mare au Diable;* il a cependant sa valeur, sa force et son charme. Otez-en les souterrains, les bandits, les brigands, les fantômes, et vous aurez une abondante moisson de tant de fruits, de tant d'images, de si claires étoiles dans ce beau ciel, de si honnêtes sentiments dans ces cœurs sauvages, et sur ces ruines plus d'une épine où fleurit quelque humble fleur en ce lieu de désolation! Henri Heine (il est bien malade en ce moment : il est en proie à la fièvre, à l'insomnie, à tout ce que la douleur a de cruel et de désespéré), Henri Heine, un jour, comme il rentrait dans sa patrie, se trouva si charmé d'entendre autour de lui, dans son accent véritable, parler sa langue natale, qu'il en ressentit, dit-il, la plus étrange et la plus charmante émotion. Il lui semblait qu'une « douce saignée avait été faite à son cœur » !

Ainsi, nous autres, dans ce roman de *Mauprat*, aussitôt que nous sommes en pleine campagne, loin de ces brigands et de cette roche hantée, il nous semble en effet *qu'une douce saignée est faite à notre cœur !* A peine dans le libre espace, sous les arbres de la forêt, entre les deux philosophes, le sage Patience et le sage Marcasse, nous marchons la tête haute et l'esprit dégagé, comme on se réveille au sortir d'un mauvais rêve où l'on n'a vu que des fantômes, où l'on n'a entendu que des orgies, et rien de clair, et rien de juste, et rien de sain.

Je sais bien que ces brigands qu'elle a introduits dans son livre ont été pour Mme Sand un bon prétexte à nous montrer l'extinction de la race féodale et la fin des préjugés féodaux. Comme elle voulait en finir une fois pour toutes avec la caste à part, avec le peuple exceptionnel, la dame éloquente n'a rien trouvé de mieux que de nous montrer les derniers marquis dans leur repaire, dans leur bouge, et, pis encore, elle nous les a montrés à l'œuvre de mille petites coquineries. Elle en a fait des tigres, puis des loups, puis des renards! De la bête féroce elle ne s'est pas contentée, elle est descendue à la bête puante; elle tenait dans sa main de fer un bandit de grand chemin, ça n'était pas assez pour elle, il lui fallait un coupeur de bourses dans les marchés et dans les foires. La cour d'assises, c'est déjà assez bon pour défaire un noble.

Peut-être, puisqu'il s'agissait d'en finir avec ces aristocrates de tabagie et de grand chemin, eût-il mieux valu ne pas se mettre en si grande colère et procéder plutôt par l'ironie et le mépris que par la roue et le bourreau. Les philosophes du dix-huitième siècle insultés par les sacristains, lorsqu'ils voulaient en finir avec l'ancien monde, n'appelaient pas à leur aide tant de catapultes et de poudre à canon : leur esprit leur suffisait, et par l'esprit ils battaient en brèche non-seulement le repaire du bandit, mais le salon du gentilhomme. Ils laissaient les brigands aux gendarmes, ils se chargeaient des grands seigneurs, sans oublier le roi lui-même, et c'était un sauve qui peut général. Voltaire et Jean-Jacques en sont pleins, de ces châtiments et de ces vengeances irrésistibles. Si les anciens seigneurs n'avaient eu que les Parlements et les gendarmes à leurs trousses, ils seraient encore enfermés dans leurs donjons! Ils ont été traqués et enfumés par les gens d'esprit. Grâce à ces gens-là et grâce à l'esprit de tout le monde, il n'y a plus de seigneurs.

Je n'appelle pas la *Roche-Mauprat* une maison féodale, je l'appelle un mélodrame! On y voit tout ce qui compose habituellement les mélodrames les mieux conditionnés : une mère empoisonnée, un orphelin arraché au pillage de la maison paternelle et volé comme s'il était un sac d'argent. On y voit un château ou, pour mieux dire, une caverne où se blottit, contre les lois divines et humaines, une bande d'aventuriers qui dépouillent de son argent, de son gibier et de ses vivres tout le pays d'alentour! C'est du vrai Cartouche et du pur Mandrin, cette bande de la Roche-Mauprat. On n'y entend que des jurons, des obscénités et des blasphèmes au milieu de la vapeur des vins et des nuages de tabac! Le vieux Mauprat est le chef de ces brigands de bonne maison; il a pour son lieutenant Jean Mauprat, Jean *le Tors*, qui tue à coups de pied le jeune Bernard de Mauprat, notre héros, enfant confié à sa garde! En ce lieu maudit, quiconque arrive est perdu! L'homme est brûlé vif, la femme est violée! On croirait lire une légende augmentée de l'Ogre et du Petit-Poucet.

Heureusement que la belle et forte nature de ce talent agreste, éloquent et souple à l'infini, ne pouvait pas se complaire et s'arrêter longtemps dans cette caverne de voleurs. Elle savait, elle sentait, George Sand, qu'au delà de cette nuit profonde il y avait la campagne et le soleil, qu'au delà de 1745 il y avait 1789, et qu'après les siècles d'idolâtrie et de servitude arrivaient nécessairement les heures de liberté, d'égalité et de bon sens. Cette étonnante femme, qui avait en partage le rare et merveilleux talent de comprendre et de raconter le drame infini de la jeunesse en toutes choses, elle ne pouvait pas longtemps s'arrêter à cette race de cannibales, et tout de suite, comme fait son héroïne Edmée, elle se réfugia honnête et à l'ombre dans la sainte cabane du bonhomme Patience, un philosophe rustique. Patience, l'*Émile* de ces solitudes! Patience qui le premier rêva dans ces forêts silencieuses le *Contrat social!* Certes, pour racheter la race abominable des Mauprat dans ce livre étrange, il ne fallait rien moins que cet homme stoïque, enfant de ses longues rêveries et de ses propres systèmes. Patience est et sera le vrai homme du peuple, à l'heure où l'égalité sera proclamée! Patience est un sage, un héros, un rhéteur de bonne foi, un déclamateur convaincu. Ce fameux personnage, au moment où il sortit, semblable à Minerve, du cerveau de George Sand, produisit dans les jeunes esprits de ce siècle un immense étonnement. Cet homme-là était semblable au fantôme de Diogène, au fantôme de Pythagore. Il avait un faux air d'Épictète, ce philosophe chassé de Rome par Domitien et rappelé par Marc-Aurèle! Épictète en haillons, le bonhomme Patience; un Pythagore qui rêve, un Diogène sans ironie et sans amertume. Lui aussi il disait : « Je suis dans la place où la Providence voulait que je fusse, et m'en plaindre ce serait offenser la Providence! » Il avait choisi, lui aussi, les deux principes de sa morale : « Souffrir et s'abstenir! » Pauvre, il aimait la pauvreté comme on aime l'honneur, et il comparait la fortune « à une femme de bonne maison qui se prostitue à des valets » !

Pendant qu'au dehors de la caverne le bonhomme Patience arrange en lui-même un monde nouveau, en vrai chercheur de pierre philosophale, au dedans de la Roche-Mauprat, dans une nuit d'orgie et de blasphèmes, arrive enfin cet élément éternel du poëme, la beauté mêlée à la jeunesse; et c'est pour le coup, mes amis, que nous sortons de la caverne! Ici la scène est belle et charmante. Entre Bernard de Mauprat, le jeune apprenti de Jean le Tors, et la belle Edmée de Mauprat, sa cousine, s'établit tout de suite cette communauté d'intérêts, de passions, de vengeance, qui peut faire du vautour même l'allié de la colombe et son complice. Certes, elle a été bien imprudente, Mlle de Mauprat, de ne pas se méfier d'un pareil voisinage. Heureusement qu'elle est courageuse. Elle connaît sa force; quelque chose lui dit au fond de l'âme que ses moindres volontés seront des ordres pour ce Bernard de Mauprat. Tout à l'heure elle n'était qu'une demoiselle errante, une belle dame enlevée, et maintenant c'est elle-même qui enlève à ses oncles le plus jeune de leurs bandits. C'en est fait, leur proie et leur crime échappent à ces oiseaux de la nuit, et la cousine et le cousin s'en vont à travers la campagne et la nuit pleine de rosée, au moment où les gendarmes, épouvantés de leur courage, pénètrent enfin dans le donjon des Mauprat! De cet exploit il fut parlé dans les gazettes d'Angleterre et de Hollande, et M. le duc de Choiseul en régala à sa toilette Mme la marquise de Pompadour!

Oui-da! le louveteau échappe à messieurs les louvarts; la jeune demoiselle emmène le jeune monsieur chez son père, un vrai Mauprat le père d'Edmée, mais un honnête Mauprat, et voilà notre jeune bandit installé dans une belle et bonne maison, entre un vieillard en cheveux blancs qui l'appelle son fils et une fille du meilleur lignage et du plus tendre regard qui l'appelle son cousin. La pauvre enfant! elle ne sait donc pas le proverbe : *Bon chien chasse de race*, lequel proverbe implique nécessairement cet autre axiome : Il faut se méfier de toute mauvaise origine! La première fois qu'il l'a vue en son bouge, ce jeune bandit a tratié Mlle de Mauprat *comme une princesse de grande route* : « *Ma foi!* Mademoiselle, a-t-il dit, vous êtes charmante..... Laissez mes lèvres rencontrer les vôtres, s'il vous plaît, *ma belle*, et vous saurez si je suis aussi bien élevé que messieurs mes oncles ! »

Le troisième acte du drame et la seconde moitié du premier tome de *Mauprat* sont consacrés à *l'éducation de l'amour par l'amour!* Et vraiment dans ce troisième acte, et vraiment dans ces belles pages du livre, Mme George Sand est tout entière! Aussitôt qu'elle est dans la vérité, elle excelle à être vraie, et c'est un bonheur bien étrange, une grâce d'état, que cette rage qui l'a prise naguère d'écrire pour le théâtre (à quoi bon et quelle gloire y peut-elle gagner?) n'ait pas gâté les simples, vivantes et élégantes qualités de son style. Certes, je ne veux pas dire ici qu'il n'y ait pas de

grands écrivains parmi les auteurs dramatiques :
les plus beaux vers de la langue française ont été
écrits pour le théâtre; en fait de prosateurs, le
théâtre se glorifie à bon droit de Molière, de Marivaux, de Le Sage, de Beaumarchais; il n'en est pas
moins vrai qu'il y aura toujours un certain danger
pour un artiste excellent en style, pour un maître
exquis en l'art de bien écrire, d'aborder la langue
à part, la langue saccadée et vicieuse du dialogue.
Au théâtre, le dialogue est voisin de l'emphase, il
va d'un extrême à l'autre extrême, il est dans la
nue, il est dans la boue, il en dit trop et trop peu
tour à tour. Pour être juste avec tous les héros
qu'il emploie, et pour donner à chacun de ses acteurs la part qui lui revient dans l'attention de
l'auditoire, il faut que le romancier, quand il se
met à écrire un drame, renonce à ces petits détails
si chers à l'écrivain; il faut qu'il évite, autant que
possible, l'esprit inutile, le trait qui ne va pas
droit au but; la parenthèse lui est défendue aussi
bien que la période; il n'est plus *un*, il n'est plus
lui-même, il n'est plus seul, il est un, il est deux,
il est trois, il est à la fois tout ce monde qui parle
et qui pense; ajoutons que pour tout ce monde
il faut qu'il *agisse en parlant;* si bien que, pour
un véritable écrivain, ami de son art, habitué à
obéir à sa propre pensée, à écrire à ses heures,

patiemment et librement, et de façon à laisser toujours quelque chose de sa pensée et de sa parole dans la pensée et dans la parole des héros de sa fiction, il y a, je le répète, un très-grave inconvénient à écrire de longues comédies, à écrire des drames en cinq actes; nécessairement ce qu'on gagne à écrire le dialogue, on le paye en beau et bon style, élégant, châtié, simple, savant, harmonieux! Eh bien, c'est une louange à accorder à Mme George Sand, à M. Victor Hugo, à M. Alfred de Vigny lui-même, écrivains excellents, que, même à composer des drames en prose, ils sont restés de sérieux et solides écrivains! Ne rien perdre au métier du drame quand on sait écrire de beaux livres, c'est avoir beaucoup gagné.

Et voilà justement ce qui fait vivre un instant les drames de Mme Sand; ses drames vivent un jour, parce qu'ils conservent heureusement quelques-unes des qualités du roman! Ce troisième acte de *Mauprat*, entre cette jeune fille et ce jeune homme indompté, représente, à s'y méprendre, les plus beaux paysages de *Mauprat*. C'est le même accent, c'est le même passage! Il portait ainsi la tête, et voilà comme elle parlait du fond de son cœur. O bonheur! même dans le drame, je reconnais le souffle et l'accent du livre, et je ne crains pas de me trouver, en fin de compte, en présence d'une peau de baudruche que le vent a soufflée! Il y a, sous la peau de ce drame emprunté à une œuvre réelle, des muscles, des os, des tendons, et pour animer ce véritable corps humain un peu d'âme est restée, et avec l'âme un peu de cœur.

Entre le quatrième et le cinquième acte, l'histoire et le siècle ont marché, le drame et le roman sont restés à la même place. En vain Bernard de Mauprat s'est battu en Amérique sous les ordres du général La Fayette, il est le même, ou peu s'en faut, qu'il était au départ. Il revient (dans le roman) plus disposé que jamais à obéir *à ses sauvages transports,* et vous voyez misérablement recommencer la lutte entre Edmée et Bernard. En ce moment, je l'avoue, on ne sait plus ce que veut Edmée. On comprenait fort bien qu'elle ne pouvait pas, là, sur-le-champ et de gaieté de cœur, donner sa belle main à Bernard le bandit, au disciple de Jean *le Tors,* au compagnon de Mauprat le coupe-jarret; mais à présent qu'il revient tout brillant d'un grade mérité, dans la joie et dans la fortune de sa gloire naissante, il ne faudrait pas qu'Edmée hésitât plus longtemps à donner sa main à l'homme qu'elle aime et qui l'aime de tout son cœur. « Apprenez-le donc, puisque vous me forcez à faire un aveu contraire à la réserve

et à la fierté de mon sexe : tout ce qui vous semble inexplicable dans ma conduite, tout ce que vous attribuez aux torts de Bernard et à mes ressentiments, à ses menaces et à mes terreurs, se justifie par un seul mot : *Je l'aime !* ».
Edmée a raison de parler ainsi, seulement elle parle un peu tard ! L'homme qu'elle aime a joué sa tête à ce jeu cruel. Tacite a beau dire : *Omnia retinendæ dominationis honesta*, il n'est pas très-loyal, quand on aime ainsi, de ne pas le dire au bon moment, et le lieu pour le dire (une chambre criminelle) est assez mal choisi.

Lui aussi, Gœthe, dans ses *Mémoires*, car tous ces grands esprits se tiennent, il raconte qu'il a mis à la torture un cœur qu'il aimait, et qu'il paya cher cette épreuve cruelle.

Ainsi Edmée a tort avec Bernard de Mauprat son cousin, autant que Gœthe avait tort avec Annette sa cousine. Edmée a trop lu, j'imagine, *Émile*, *Héloïse* et *Jacques le Fataliste* ; Edmée aussi est trop jeune pour que sa douleur soit vraiment touchante et vraiment forte.

Encore si le drame nous laissait dans cette humble et facile tristesse, si l'élégie restait à l'état d'élégie et n'appelait pas à son aide un vieux reste des Mauprat que l'on croyait morts et enterrés, nous prendrions volontiers notre part des petits malheurs de Mlle de Mauprat, et nous lui passerions, tant elle est éloquente et charmante, d'avoir à son âge tous ces caprices. Malheureusement ceci n'est pas le compte du roman. En vain nous espérions tantôt être quittes avec les bandits, les Mauprat et leur caverne..., on les retrouve à la fin du quatrième acte, on les revoit durant le cinquième acte, et c'est à recommencer entre ces bandits. En ce moment Mme Sand se voue au drame, voire au mélodrame, corps et âme. Elle oublie, et sans regret, les charmants détails et les charmantes surprises du cœur humain dans lesquels elle se complaisait tout à l'heure, et la voilà, enflant sa voix, qui fait chorus avec les plus sombres et les plus tristes inventions de la Gaîté, de l'Ambigu, de la Porte-Saint-Martin et de feu le Théâtre-Historique! Est-ce donc possible, est-ce donc vrai que ce bel esprit ingénieux, plein de grâce, plein de feu et d'un bon sel, une plume hardie et savante à ce point-là, s'amuse ainsi à nous montrer pendant *deux* tableaux ce vieux bandit qui se cache et qui tue en cachette Edmée elle-même, une belle fille de vingt ans?

Mais, nous dit-on, l'assassin est un Mauprat!... Eh! qu'importe que ce soit ou non un Mauprat? Ils sont morts, les Mauprat, au premier acte, et j'en ai assez vu dès le premier acte! Ils sont morts, n'en parlons plus; vous n'avez pas besoin de ces bandits pour nous raconter une histoire d'amour! — Plus de Mauprat si vous voulez écrire une histoire digne de vous! Parlez-nous d'Edmée et parlez-nous de Bernard! Montrez-nous le philosophe Patience et le philosophe Marcasse! Assez de bandits! assez de voleurs! Les bandits parlent un argot que vous ne saurez jamais parler, Dieu nous en garde! Vous aimez le soleil, vous n'avez rien à voir dans ces ténèbres; vous aimez la jeunesse et l'amour, vous n'avez que faire de ce crapaud de *Jean le Tors,* caché dans son trou! Maudit soit le vieux Mauprat et meure Chanaan! « Il servira d'esclave aux esclaves de son frère », et ce sera très-bien fait.

De toutes les tentatives de Mme George Sand, *Mauprat* était sans nul doute la plus difficile, et nous ne pensons pas que ce soit la plus heureuse. La pièce est trop longue, et de moitié trop longue! On y voit trop de bandits, on n'y voit qu'une seule femme, et ce n'est pas assez, une seule femme au milieu de ce bruit et de cette fumée! Enfin ce serait grand dommage si le plus rare esprit de nos jours renonçait à la gloire, au succès, à la popularité des compositions les plus aimables et des livres les plus charmants, pour devenir une bonne faiseuse de mélodrames à grand orchestre! Encore une fois, on ne commence pas par *Indiana* et *Valentine* pour finir même par les plus grands succès de la Gaîté, du Théâtre-Historique ou de la Porte-Saint-Martin!

L. BOUILHET

MADAME DE MONTARCY

JE vous présente un jeune homme, un nouveau poëte, un fils de bonne mère, appelé M. Bouilhet! Il est né en Normandie, à Rouen même, et, je pense, à l'ombre auguste de la maison où naquit Pierre Corneille... c'est pourquoi il est le disciple et le sergent d'armes de M. Victor Hugo ! Enfant, il apprit à lire au beau milieu du *Cid* et de *Polyeucte*... C'est pourquoi il sait par cœur *Hernani*, *Marion Delorme* et *les Burgraves*. « Enfants des bords de la Seine, Parisiens, qui buvez les eaux de l'Yvette », ainsi disait notre ami Denis Diderot.

M. Bouilhet a cherché et trouvé le sujet de son premier drame au milieu de Versailles, et dans les pages les plus brillantes des *Mémoires de M. le duc de Saint-Simon*. Certes, pour un esprit encore ébloui des splendeurs du XVIe siècle ou qui sort à peine des nuages sanglants du moyen âge, Saint-Simon est un écrivain bien léger, et le palais de Versailles est un monument bien jeune ; mais enfin il faut s'accommoder aux histoires que l'on a sous les yeux, aux monuments que l'on a sous la main. Un plus heureux s'est emparé de Notre-Dame de Paris, un plus heureux s'est emparé de François Ier et de Lucrèce Borgia ; et puis, ce château de Versailles, s'il a les inconvénients d'un lieu splendide où les meurtres et les fantômes ne sont pas de mise, où la force et les crimes que la force entraîne avec elle auraient peine à s'acclimater, il a bien ses avantages. C'est le chef-d'œuvre éclatant de toutes les grandeurs du grand siècle ! Tout ce qui fut la gloire et la beauté, le charme et l'intelligence, l'amour et l'esprit d'autrefois, a passé par ces murailles de marbre et d'or, par ces galeries pleines de chefs-d'œuvre.

On demanderait au poëte nouveau si véritablement il est à l'aise au milieu de tant de lumières et de si vives clartés, il vous dirait qu'il y trouve en effet un peu trop de soleil, d'ornement, d'apothéose, et qu'un vieux château féodal, un peu sombre et délabré, « dans l'endroit où l'on trouve un grand mur », serait beaucoup mieux son fait.

Ce grand Versailles est si grand, si correct, si bien gardé, que le drame est mal à son aise au milieu de ces magnificences; il y marche en hésitant; il redoute le son même de sa voix, il sait que les murs ont des oreilles, il a peur de son ombre, et bref, il n'y va pas de franc jeu, tant la maison est peu faite pour les meurtres, pour les assassinats, pour les embûches, pour les guets-apens de son drame. Le château de Saint-Germain, passe encore, et le château de Fontainebleau, je le veux bien : il y a là dedans des poternes, des voûtes, des embûches, des taches de sang; mais le château de Versailles, un seul homme avait le droit d'y mourir : c'était le roi lui-même, et l'on vous eût regardé avec un étonnement voisin de la stupeur si vous eussiez demandé, en ce palais du soleil, dressé sur ses arcs de triomphe, à vous glisser dans l'ombre,

Sous une cape noire et dans la nuit fort sombre.

Toujours est-il que dans ce Versailles, à l'heure où Mme de Maintenon règne et gouverne, à l'heure où Mme la duchesse de Bourgogne, enfant charmant qui rendait à ce Versailles déclinant le reflet vif et gai de ses beaux jours, un jeune homme de province, appelé M. de Montarcy, s'en vient, accompagné de sa femme et de son beau-père, afin de chercher fortune à la cour. Ils arrivent tous les trois, le vieux père, le mari et la jeune femme, dans un humble carrosse, dont la roue au seuil d'un cabaret se brise, et les voilà qui déclament dans ce cabaret jusqu'au moment où cette roue, éternellement brisée, éternellement raccommodée, a repris son service. Eh bien, déjà ce carrosse empêtré, qui ne peut pas aller plus loin, est une invraisemblance et presque une impossibilité, quand il s'agit d'aller à Versailles pour y contempler le roi Louis XIV. Pour celui qui est attendu véritablement au château de Versailles, pour l'homme heureux qui doit obtenir les honneurs de la cour, la route est bonne à coup sûr, et la roue aussi, et pas un postillon qui s'enivre, et pas un cheval qui se déferre.

Laissez-moi cependant faire observer à qui de droit comment la plus simple faute en apparence appelle à l'instant même, appelle inévitablement une faute irréparable! Au premier abord, cette entrée en plein cabaret n'aura pas de grandes conséquences pour les héros du nouveau drame... Attendez vingt minutes, cette malheureuse entrée aura soudain des conséquences si complétement sérieuses que le drame en sera tout à fait compromis. En effet, comment voulez-vous que j'imagine, au sans gêne avec lequel vous traitez cet homme et cette femme allant au palais de Versailles, ce M. de Montarcy et cette Mme de Montarcy qui font halte dans un cabaret, qu'ils vont jouer le grand rôle à la cour de Louis XIV et le grand rôle dans votre drame? On n'annoncerait pas un comparse avec moins de cérémonie. Au contraire, un poëte habile aurait grand soin, par toutes sortes de déférences et de respects, de nous indiquer très-clairement, et dès le premier abord, que M. de Montarcy sera tantôt le héros et que sa femme est l'héroïne du nouveau drame. En ces palais de la pourpre et de la majesté, il faut qu'un rayon de la royale majesté se porte sur les fronts choisis que vous désignez à l'avance aux respects et à la curiosité de l'auditoire. Il fallait donc éviter ce cabaret de malheur, et nous raconter tout simplement que Mme de Montarcy est attendue à la cour, que c'est le roi qui l'appelle, et qu'elle appartiendra tout à l'heure à la merveille de la cour de France, à S. A. R. Mme la duchesse de Bourgogne! Aussitôt que le parterre eût été averti convenablement des grandeurs et des illustres destinées de Mme de Montarcy, il se fût intéressé à cette dame. Au contraire, on dirait, à la voir dans ce cabaret du dernier étage, une *pecque* provinciale, entre son papa et son époux, qui s'en va porter un placet au roi, apostillé par le gouverneur de sa province et par l'évêque de son canton.

Ceci dit, l'acte est joli, vif et bien fait, et galamment troussé. Il sait écrire en vers, et en beaux vers, le nouveau poëte; il tourne avec la même habileté le vers mouillé de l'élégie et le vers flamboyant de la chanson; il fait l'épître, il entreprend la tragédie, il ne tremble pas devant le drame; il n'a guère, comme écrivain, que ce petit défaut : il mêle à tour de bras la tragédie et le drame, l'élégie et la chanson, sans compter l'épître. Une fois dans l'épître, il y va de tout cœur; puis soudain monsieur s'arrête et se plonge au beau milieu de la satire; on l'écoute, on le suit, on sourit à sa satire, et crac! le voilà dans l'ode, et de l'ode il aspire au dithyrambe; et tâchez de tirer d'affaire vos esprits et vos oreilles avec un gaillard de cette force-là!

Cependant, au second acte, nous sommes entrés *cahin-caha* et trottant menu à la cour de Versailles, et nous voilà (déjà!), au sortir du cabaret, chez Mme de Maintenon elle-même!

Eh quoi! là, tout de suite, en ce lieu de la retraite et des prédilections du roi Louis XIV; quoi! nous entrons de plain-pied dans le sanctuaire, et nous franchissons le seuil de cette porte où les courtisans les plus avancés dans la faveur du maître osent à peine gratter une ou deux fois chaque année! Eh bien, cette faute étrange est déjà la suite et la conséquence de la première faute. Évidemment, plus Mme de Montarcy s'est arrêtée au cabaret du premier acte, et plus nous sommes étonnés de la retrouver chez Mme de Maintenon. Effacez votre cabaret, et faites que votre drame soit ouvert par le roi lui-même, que le roi soit là pour recevoir Mme de Montarcy et pour lui donner très-nettement ses instructions les plus secrètes; qu'il lui dise en beaux vers, comme vous savez les faire : « Il s'agit, Madame, de me rendre un grand service, et c'est pourquoi je vous ai fait venir. Mme la duchesse de Bourgogne est une enfant, une enfant qu'il faut surveiller, et que je confie à votre garde! » A ce discours du roi, nous eussions compris tout de suite l'importance et l'autorité de Mme de Montarcy, nous eussions su, à n'en pas douter, ce qu'elle venait faire et quel était son véritable emploi à cette cour.

Et voilà comme, pour n'avoir pas été convenablement annoncée, Mme de Maintenon elle-même, la seconde héroïne du nouveau drame, ne produit pas tout l'effet qu'elle eût pu produire si le poëte l'eût entourée des soins, des déférences et des précautions oratoires que mérite un si grand personnage. Il est vrai que Mme de Maintenon n'est ici qu'un personnage épisodique, mais plus l'épisode est grave et solennel, plus il est nécessaire de le mettre en belle lumière. Il ne faut pas demander à M. Bouilhet s'il s'est rappelé en ce moment le quatrième acte de *Marion Delorme*, où l'on voit cet étrange et merveilleux portrait du roi Louis XIII que l'on croirait dessiné par Van Dyck. Ce roi Louis XIII, de *Marion Delorme*, à cette place, à cette heure, en ce moment du drame, entre ces courtisans habiles et cette femme au désespoir, Richelieu loin d'ici, la pluie au dehors, l'ennui au dedans, est une image admirable, un chef-d'œuvre, un vrai chef-d'œuvre! Mais aussi comme il est annoncé, comme il est préparé, dans quel cadre et dans quelle lumière il est exposé, ce roi Louis XIII! Voici tantôt trois grands actes que nous l'attendons.

Eh bien! pour revenir à Mme de Maintenon, nous avons été fâché de nous trouver si vite et si brusquement en présence de ce problème, entouré de tant de louanges, de tant d'admiration, de tant de blâme et de tant d'injures. Toutefois, et sans vouloir ranimer la querelle, il me semble que je puis dire à M. Bouilhet que Mme de Maintenon avait droit tout au moins aux déférences de la poésie. On peut ne pas l'aimer, on ne peut pas la contempler sans respect; il se peut qu'on l'accuse, on ne peut pas l'insulter; elle tient une place importante dans notre histoire, et peu de têtes couronnées ont commandé plus d'attention, plus de curiosité, et tenu plus d'intelligences en éveil. C'est pourquoi, quand on s'attaque à tant de grandeurs, il ne faut pas les prendre à l'improviste; il les faut étudier avec le soin, la patience et le zèle ingénieux des poëtes les plus clairvoyants, des historiens les plus attentifs, afin d'arriver non pas seulement à l'*esquisse,* au *peut-être,* à l'*image indécise,* mais à la vraisemblance... afin d'arriver à la vérité! La vérité est le premier devoir de la tragédie, et c'est pourquoi, quand elle est vraie, il n'y a rien qui se place au-dessus de la tragédie. Une scène de Corneille vaut toutes les histoires du bon Rollin; un mot de Tacite vaut toutes les tragédies de M. Arnault et de Luce de Lancival.

Ainsi, même en laissant l'histoire à part, je n'accepte pas Mme de Maintenon telle que M. Bouilhet la montre en son drame; elle manque à la fois de grâce et de dignité, de force et de grandeur; elle manque (ô ciel! était-ce en effet possible?) de bon goût et de bon sens.

En vain cherchez-vous Mme de Maintenon dans ce deuxième acte; vous n'avez qu'une femme irrésolue et malhabile, qui ne sait ni deviner ni prévoir. « Elle est mariée! » (elle le dit elle-même) et elle se conduit comme une vulgaire concubine que son

maître et seigneur peut mettre à la porte. O misère!
(et vanité des études et des rares découvertes de
tant de beaux esprits qui se sont occupés de nos
jours à dégager cette image historique des nuages
et des ombres qui l'offusquaient!) Mme de Maintenon, dans ce drame, *est jalouse* du roi, son mari;
elle est jalouse de cette aimable femme, Mme de
Montarcy! « Jalouse! » Oh! que nous voilà loin
des méditations, des prières et des austérités de
Saint-Cyr!

Disons tout, disons tout. Nanon, la servante de
Mme de Maintenon, écrit une lettre anonyme à
M. de Montarcy. Une lettre anonyme, une si triste
ordure, un méfait si honteux dans le palais de
Versailles, est-ce possible? et cette lettre, écrite
avec la plume qui écrivait les Constitutions de
Saint-Cyr!

Il faut dire aussi que, si l'image est joyeuse de
M. d'Aubigné, le frère de Mme de Maintenon, ce
frère insultant une pareille sœur, et l'insultant
chez le roi, dans un langage de sacripant, est une
image déplaisante. A coup sûr, si M. d'Aubigné
eût parlé avec ce mépris à la reine de Versailles, il
aurait eu à s'en repentir. Mieux valait, à mon sens,
pour M. Bouilhet et pour son drame, maintenir
d'Aubigné dans son rôle de bonhomme et d'épicu-
rien, content de vivre, heureux d'être un parvenu,

se délassant, dans l'abondance, des misères et des vagabondages d'autrefois. C'est bien trouvé, don César de Bazan ; mais il faut laisser don César de Bazan à M. Victor Hugo, mais il ne faut pas le refaire, et surtout il ne faut pas le conduire à Versailles : Versailles est trop près de la Bastille.

Ces imitations d'un jeune homme, elles sont involontaires, je le sais bien ; elles lui viennent comme le chant vient au bec des jeunes pinsons... ils chantent naturellement les chansons du mois d'avril. Toutefois il faut y prendre garde, et quand on chante il faut composer ses chansons. Nous étions au premier acte dans l'armoire de Charles-Quint, nous sommes au second acte avec don César de Bazan caché sous le manteau de d'Aubigné, nous voilà tout de suite après avec Ruy Blas et la reine d'Espagne. Dans le drame de M. Bouilhet, Ruy Blas n'est autre que M. de Maulevrier, le neveu de M. Colbert ; il est amoureux, mais, là! ce qui s'appelle amoureux de Mme la duchesse de Bourgogne, et (voilà encore une chose étrange !) ils ne se gênent pas pour se contempler l'un l'autre, et même pour se parler d'amour au nez et *aux barbes* de Mme de Maintenon.

« Ce soir, au bal masqué.
— Oui, sans faute, on y sera », répond la dame... Elle en dit trop pour

une duchesse de Bourgogne, assise aux premières marches du plus grand trône de l'univers. Il faut aussi prendre garde aux époques, et ne pas confondre Mme la duchesse de Bourgogne avec Mme la duchesse de Berry, la régence de M. le duc d'Orléans avec le règne de Louis XIV. Nous ne savions pas d'ailleurs, en dépit de quelques murmures d'antichambre, que Mme la duchesse de Bourgogne fût à ce point disposée aux roucoulements d'un amour si loin d'elle! Elle était née une reine; elle tenait son monde à distance; elle voulait être avant tout comptée et honorée, comme elle le fit bien voir un jour, lorsque, Mme la duchesse du Maine et la princesse de Conti oubliant les respects qui lui étaient dus, elle se mit à rire et à chantonner : « Hé! je m'en ris! hé! je me moque d'elles! et je n'ai que faire d'elles, ni à cette heure ni jamais, et elles auront à compter avec moi, et je serai leur reine! » Avec ce : *Je serai leur reine!* il serait difficile d'expliquer les incroyables succès de M. de Maulevrier auprès de Mme la duchesse de Bourgogne.

Il y a donc bien à reprendre en ce second acte; heureusement qu'enfin le roi et Mme de Montarcy se rencontrent, et que le roi explique ses projets à la dame d'honneur de Mme la duchesse de Bourgogne.

LE ROI.

Comment vous reçut-on, Madame, en notre cour?

Mme DE MONTARCY.

Sire, un accueil *splendide*, et dès le premier jour.

Vous voyez bien que l'*accueil splendide* était dans les projets du poëte. Il fallait seulement nous le montrer tout de suite; il fallait aussi, puisque le roi et Mme de Montarcy étaient en présence, faire en sorte que le roi expliquât toute sa pensée à cette honnête jeune femme. Il n'attend d'elle, en fin de compte, que de bons et loyaux services, tels qu'un roi comme lui les peut demander à une femme comme elle; et quand il devrait lui parler très-clairement, au contraire il lui parle en mots si couverts, si douteux, si pleins d'embûches, à voix si basse et comme étranglée, que l'on dirait (sauf votre respect) un homme de police donnant ses instructions à quelqu'un de ses subalternes.

On a cependant remarqué dans ce second acte les très-beaux vers de Mme de Maintenon parlant de ce roi *qui s'ennuie* et qui ne peut plus s'amuser.

Nous avons un bal masqué au troisième acte du nouveau drame, et cette fête est féconde en péripéties. D'abord on se demande à quoi bon donner cette fête au moment où le roi soupçonne les intrigues de Mme la duchesse de Bourgogne ; et n'est-ce pas vraiment jeter l'huile sur le feu? Prenez garde! avec le roi Louis XIV il ne faut pas se fier au hasard, il ne faut pas inventer des scènes impossibles ; le roi Louis XIV était un logicien, et il tirait habilement la conséquence de toute chose. Encore si Mme de Maintenon était en ce moment en quelque pieuse et sainte retraite, ce bal masqué serait possible à Versailles; mais, bonté divine! elle-même, Mme de Maintenon, elle prend un masque, et seule elle s'en vient, cherchant les aventures, s'exposant aux insultes de Lucrèce Borgia sous son masque, pendant que les petits violons se ruent en menuets et en sarabandes.

Disons aussi qu'il y a trop d'entrées et trop de sorties dans ce troisième acte, ce qui fait que l'on ne sait plus qui entre et qui sort. « Il faut qu'une porte soit ouverte ou fermée ! » Or ici rien ne ferme et rien n'est ouvert, c'est un danger. Le danger est aussi dans les deux rencontres de Mme la duchesse de Bourgogne et de Maulevrier.

J'étais là, j'écoutais avec toute mon âme,

disait la reine d'Espagne à Ruy Blas... Il ne faut copier ni les tendresses ni les témérités de Ruy Blas. C'est dommage, M. Bouilhet est un jeune homme, et sans copier personne il saurait tourner galamment un vers amoureux.

En revanche, la scène est très-jolie et charmante entre Montarcy et sa charmante femme. Il y a si longtemps qu'ils se sont perdus de vue à travers les enchantements de Versailles!

Et quel grand effet produirait cette scène enchantée, si les deux époux étaient depuis trois actes seulement l'objet de notre attention et de notre émotion poétiquement excitée! Il a bien des mérites, M. Bouilhet : il trouve, il copie, il invente, et s'il avait l'arrangement...

> Mais, seigneur, ce serait trop de fête en un jour.

A la fin tout finit, et même ce bal masqué, où peu s'en est fallu que Maulevrier ne vînt à bout de l'honneur de la duchesse de Bourgogne : « Il y a des fautes dans la maison de Bourbon! » *Culpæ in familia Borboniorum*, disait Baldus.

Arrêtons-nous, s'il vous plaît, au quatrième acte ; il contient de belles choses, et si ces belles choses étaient à leur place, elles mériteraient toute louange. Après les accidents et les événements de ce bal masqué, le roi furieux, Mme de Maintenon fort inquiète et *jalouse*, la duchesse de Bourgogne et Maulevrier rompant la paille, d'Aubigné conduit à la Bastille, le billet anonyme arrivant à

M. de Montarcy, et M. de Montarcy convaincu des trahisons de sa femme... à l'instant même où cet écheveau si mêlé va se dévider, il arrive que le roi, se trouvant insulté par l'ambassadeur du Portugal, se révolte et convie en sa maison menacée le ban et l'arrière-ban de ses gentilshommes. C'est tout à fait la mise en scène du mot de Louis XIV : « Je m'ensevelirai sous les ruines de la monarchie ! » Avec cette grande parole, et vraiment royale, notre poëte a composé une amplification des plus éloquentes, dans laquelle abondent les très-beaux vers, les trop beaux vers.

En même temps le roi, se tournant vers sa noblesse, lui demande si elle est prête à le suivre, et tous ces hommes d'armes de tirer leur épée en criant : « Vive le roi ! » Je n'aime pas ces épées hors du fourreau ; le palais de Versailles n'est pas la tente de Clovis ou de Pharamond. Ces épées violentes et ces déclarations de guerre à des fantômes manquent de correction, elles mentent à l'étiquette, elles dérangent l'ensemble de ce palais et de cette majesté tranquille. Il faut prendre garde aux questions vulgaires quand on écrit un drame en vers ; elles amènent inévitablement une réponse qui court les rues. Certes, son siècle et sa cour ont fait moins de bruit autour de l'austère parole du vrai Louis XIV que n'en font les comparses aux rodomontades du Louis XIV de l'Odéon, et c'est toujours une faute, en fait de drames, que l'histoire soit plus dramatique et plus vraisemblable que le drame auquel elle a donné lieu.

Le seul acte vraiment digne de nos larmes, de notre pitié, de nos louanges, l'acte où l'on voit le poëte en tout son jour, où l'on entend la vraie plainte et la vraie douleur, *veræ voces*, c'est le cinquième acte. Il nous promet tout à fait, ce cinquième acte, un écrivain dramatique. Au milieu de ces tumultes, de ces amours, de ces cris féroces entre Mme de Maintenon et Mme la duchesse de Bourgogne, l'infortuné M. de Montarcy a perdu la tête; il est jaloux, jaloux du roi; il se figure qu'il est trahi, il est sûr d'être déshonoré, il se voit déjà à côté de M. de Montespan... comme si M. de Montespan n'avait pas sauvé complétement son honneur de cette bagarre! Il quitta la cour, il s'en revint dans sa maison de Toulouse, il dit à ses enfants: Vous n'avez plus de mère, et il prit le deuil pour ne plus le quitter. Vous le voyez, M. de Montarcy se trompe de date: il prend M. de Montespan pour l'époux de Mme Dubarry.

Toutefois, comme la plainte est touchante et comme le malheur de cet infortuné est facile à comprendre, on l'écoute, on le plaint. Il est absurde autant qu'Othello, plus absurde qu'Othello, mais on lui pardonne. Il a tant de honte, il a tant d'amour ! Et ce qui ajoute à la pitié, à l'intérêt, à la terreur de ce grand cinquième acte, c'est que le vieux père, un Burgrave des frontières françaises, le marquis de Rouvray, se présente à son gendre en ce moment terrible, et quand M. de Montarcy a complétement expliqué à ce père au désespoir sa honte et son déshonneur, le vieux monsieur s'en va, laissant sa fille unique aux mains de ce désespéré. « Ne tuez pas le roi ! » dit-il. Et il part, laissant sa propre fille à la merci de ce mari furieux. C'est bien l'homme indiqué dans ce passage de M. de Thou : « *Vir bonus et a factione summe alienus !* » un galant homme extrêmement incapable de conspirer !

Et puis les voilà seuls... la femme et le mari... Othello, Desdémone ! Le voisinage était dangereux, et c'est une louange énorme de convenir que l'auteur de *Mme de Montarcy* aura lutté contre la plus touchante de toutes les combinaisons dramatiques. Je ne vous dirai pas les larmes, les spasmes, les douleurs, la lutte enfin de ce dernier acte ; à coup sûr vous irez les voir, et vous jugerez, comme tout le monde au reste en a jugé, que ce dénoûment est tout un drame, un drame inattendu, complet ; car c'est le mari qui se tue, et la jeune femme innocente, maudite par son père, et fidèle au serment qu'elle a fait au roi de garder le secret sur les fautes de Mme la duchesse de Bourgogne, appelle en vain la pitié des hommes, un regard du ciel. M. de Montarcy expire, heureux, avant d'expirer, d'apprendre enfin l'innocence de sa femme...

... Il fallait bien mourir, j'avais douté de toi!

Ainsi l'on pleure, ainsi la pièce est sauvée, et le nouveau poëte est désormais le maître d'obéir à sa destinée ! L'œuvre a réussi beaucoup, l'ouvrier beaucoup plus. C'est tout à fait un avenir.

PAUL FÉVAL

LE BOSSU

Un très-curieux chapitre de l'histoire dramatique et littéraire de ce temps-ci serait intitulé : *De l'Excès en toute chose ;* et le critique à qui reviendrait la tâche utile de rechercher un exemple... excessif de l'excès prendrait, j'en suis sûr, un des romans de M. Paul Féval, cet homme habile à tenir son peuple attentif. Que disons-nous ? Dans ces romans, populaires à tous les droits de l'invention, du mouvement, de l'aventure et du dialogue, on choisirait volontiers ce roman multiple, aux accidents infinis, *le Bossu ;* d'autant mieux que *le Bossu* se produit à cette heure, à la Porte-Saint-Martin, dans un cliquetis incroyable d'épées et de poignards. Flamberge au vent! Va donc pour *le Bossu*, et cette fois rendons-nous un compte exact de ces grands romans qui nous prennent quinze jours de notre vie, et qu'il est impossible de quitter aussitôt que le premier chapitre est dévoré.

Nous sommes dans une vallée des Pyrénées, au penchant d'un coteau, sur les ruines du vieux château de Caylus-Tarrides, un nid de vautours. Dans ce château dont ils étaient les maîtres absolus, les seigneurs de Caylus ne se gênaient guère pour accomplir tous les crimes de la force injuste; et quand plus tard, sous le grand roi, un peu d'ordre et de justice fut rendu à la France, ces seigneurs de Caylus furent encore entourés, dans leur château, par des chercheurs d'aventures, tantôt parce que leur femme était belle, et tantôt parce que leur fille était charmante. Ajoutez à ces tentations la certaine espérance d'un gros héritage, et vous comprendrez qu'à l'heure où nous sommes, deux grands seigneurs, Philippe de Nevers et Philippe de Mantoue, prince de Gonzague, semblables à deux lions dévorants, tournent autour de la citadelle où respire Aurore de Caylus. Et tant et tant ils ont tourné que Philippe de Nevers épouse en grand secret la belle Aurore, et que Philippe de Gonzague, un maître enjôleur, a tendu tous ses piéges afin de s'emparer tout à la fois de la fortune et de l'enfant du duc de Nevers, de la fille et du château du comte de Caylus. Tout cet excès se rencontre assez naturellement dans le premier chapitre de cette extraordinaire histoire, et, tout de suite après, nous rencontrons deux autres excès en chair et en os, l'épée à la main et le haillon sur l'habit, maîtres Cocardasse et Passepoil. Ces deux-là, qui vont remplir tout le drame et tout le roman, on vous les donne pour deux coquins achevés. Chevaliers sans peur, et non pas sans reproche, ils sont très-versés l'un et l'autre dans le charmant jeu de *brise-côtes*, grands chercheurs de franches lippées, grands coureurs d'aventures impossibles, grands emprunteurs à ne jamais rendre, usant volontiers du droit d'invectiver dame Fortune, qui les traite avec un mépris sans égal. Regardez leur sourire, et vous reconnaîtrez le sourire des fourbes; voyez leur espèce d'âme, et vous aurez vu une âme de coquin !

Ils se battent comme un chanteur chante son air favori : une, deux et trois, leur épée est dans votre corps. Cocardasse et Passepoil, triste compagnie : on ne serait pas très-rassuré à les rencontrer sur la brune ; et toutes sortes de gaietés, de jurons, de serments. Ces deux héros de notre histoire, ils sont habiles également à pêcher des truites dans la rivière d'autrui, à donner une entorse à la morale, à reconnaître les traces d'un huissier en voyage et d'une femme de chambre en quête d'un maître à servir. Aujourd'hui riches, ils jettent l'argent à pleines mains ; pauvres, ils cherchent quelque action équivoque ou bien ils font un trou à la lune, cet astre des amants et des voleurs. Deux cormorans d'estomac, deux goinfres, deux filous ; ne doutant de rien, pas même de la corde qui doit les pendre ; ils n'ont qu'une bonne habitude, c'est de brosser leur chapeau tous les matins. Bref, les voilà tout crachés. Croyez-vous cependant que ces deux-là suffisent à notre histoire et que l'auteur s'en contente ? Oh ! que non pas ; il y aurait modération dans l'excès, et voilà ce que nous ne voulons guère. A Cocardasse, à Passepoil, nous ajouterons, s'il vous plaît, Saldagne et Staupitz, puis un spadassin espagnol, un spadassin gascon, un spadassin d'Italie, en un mot six coquins, six rapières, horriblement pénétrés de toutes les leçons, coups douteux et bottes secrètes qui se recueillent dans les coupe-gorge et dans les salles d'armes, telles qu'on en voyait jadis dans le fameux livre de Vicentio Saviolo, maître en fait d'armes à Venise. A ces six hommes, la fleur des drôles, dont Philippe de Gonzague a fait les Johannès factotum de tous ses crimes, ajoutons un certain Peyrolles, le soudoyeur de toutes les professions qui vont, par les plus jolies chemins, au feu de joie éternel. Tel est le guet-apens du second chapitre, et maintenant que tous ces gredins sont à leur poste, il y aura bien du malheur si M. de Nevers échappe à toutes ces épées.... Peu s'en faut cependant qu'il n'échappe, et voici par quel excès inattendu. Vous n'avez jamais entendu parler de Lagardère, autrement dit le petit Parisien, le bourreau des crânes, un gentilhomme de la nuit, à qui l'on dirait volontiers : « Vous avez dans la physionomie quelque chose qui fait que j'aimerais à vous appeler mon maître. » Eh bien! ce Lagardère est l'excès de l'excès; il est plus que dix épées et mieux que vingt poignards; on n'a jamais vu son pareil sur le pavé du roi. Courage, esprit, vaillance, ardeur généreuse, intrépide... Un vrai chevalier Bayard du carrefour. Le beau Lagardère, en ce moment, est oisif; il a entendu parler de la jeune fille que recèle à triples verrous le château de Caylus; il a entendu parler de la botte secrète de M. de Nevers. « Bon, se disait-il, j'entrerai dans le château; je verrai Mlle Aurore et je croiserai l'épée avec M. de Nevers. » Et comme il le dit, il le fait. La nuit est profonde; à tâtons, notre héros cherche et trouve une fenêtre entr'ouverte.

« Est-ce vous, Philippe? lui dit une voix tremblante. — Oui-da, c'est moi, répondait Lagardère. — Eh bien! prenez votre enfant; vous trouverez dans ses langes son acte de naissance. Adieu, Philippe. » Et voilà le beau Lagardère, armé d'un enfant qui dort, et qu'il emporte à travers la nuit et les bottes de foin du château de Caylus. Comme il est à s'orienter, notre homme est arrêté par le mari, par le père, à savoir M. de Nevers, et les voilà qui se battent dans l'ombre. En vain Lagardère : « Halte là, dit-il, prenez garde à ce que vous faites; cet enfant qui dort est le vôtre, et j'entends déjà les sept brigands qui vont vous tailler des croupières. » Nevers, l'épée haut la main, ne veut rien entendre, et peu s'en faut qu'il ne frappe en plein dans le berceau de sa propre fille. Au même instant, voici les assassins, les traîneurs d'épée, les estafiers, auxquels se sont joints une demi-douzaine de contrebandiers et de bandouliers, payés par Peyrolles; alors Lagardère et Nevers, réunis l'un à l'autre, percent, taillent, entaillent, bataillent et tuent, et tuent. « Ah! nous dit la présente histoire, c'étaient deux fiers lutteurs. » Nous le croyons sans peine : ils ont tué les Espagnols, ils ont tué les Italiens, ils ont tué les contrebandiers; tout plie et cède, et Nevers serait sauvé si le duc de Gonzague à la rescousse ne venait en aide à ses spadassins effarés.

Nevers tombe. Le coup avait été porté, comme on disait alors, *à l'italienne*, c'est-à-dire savamment, et comme on fait une opération de chirurgie.

Resté seul sur le champ de bataille, Lagardère, à la faveur de la nuit, s'enfuit emportant l'enfant, l'unique héritière de la maison de Nevers. Blessé, ou, pour mieux dire, *marqué* à la main droite, Gonzague rentre au château pour épouser de force Aurore de Caylus, la veuve du feu duc de Nevers. Que dites-vous de ces trois premiers chapitres et de tous ces meurtres en moins de dix minutes? L'excès, l'excès, l'excès !

A l'acte suivant, dix-neuf ans se sont écoulés; nous sommes en pleine régence. Law est le maître, et l'on ne songe en ce grand pays de France qu'aux billets du célèbre Écossais. La rue Quincampoix et l'hôtel de Gonzague, où se vendaient les actions de la Compagnie d'Occident, voilà tout ce qui brille à cette heure, et toutes les âmes sont tournées du côté des boutiques de l'hôtel de Gonzague. En ces murailles déshonorées par l'agio, cet affreux meurtrier de Nevers, Gonzague, emprisonne, avec toutes sortes de respects, la veuve du duc de Nevers; et si quelqu'un fait remarquer au prince qu'il n'est guère convenable de changer son hôtel en boutique : « Avant cinq ans, j'aurai deux ou trois milliards, répond Gonzague, et j'achèterai le Louvre. » Ils appartiennent à l'excès, ces *trois milliards*. Donc, ne vous étonnez pas si le Gonzague est entouré de flatteurs, de mendiants, de parasites et des plus grands noms de la noblesse française inclinés devant cet homme de trois milliards. Toutes les ambitions, tous les appétits, les plus grandes lâchetés, les trahisons, les violences, les mensonges, se promènent dans cet hôtel de Nevers, et cependant, celui de tous ces hommes qui attire à soi le plus d'attention et de curiosité est un certain bossu qui prête à tout venant sa bosse, en guise de pupitre, aux transactions. Il est bossu comme on ne l'est pas; de grandes mains, de petits yeux, un geste ironique et des mots qui réveillent les consciences les plus endormies; *tremor cordis*. Ce bossu, d'une si complète difformité, c'est le beau Lagardère ! Il est double, Apollon-Thersite, et plus il est un dieu dans ses habits de chevalier, plus il est un monstre, affublé de cette difformité ridicule. Il voit tout; il sait tout; il tient cachée, en certain lieu, la jeune Blanche, l'enfant qu'il a sauvée il y a dix-neuf ans... Mlle de Nevers. Notez bien que le Gonzague, après dix-neuf ans d'attente, a résolu de convoquer un conseil de famille ès fins de lui faire déclarer l'absence de Mlle Blanche de Nevers; ainsi M. de Gonzague, en dépit de tous ses milliards, se fera mettre en possession des biens de la princesse absente !

Il y a dix-neuf ans que la princesse de Gonzague

vit dans sa solitude, appelant tout bas l'enfant qu'elle a perdu, et maintenant je ne sais quoi l'avertit que cette enfant perdue, elle va la revoir, et la voilà attentive et curieuse, et persuadant à tous ces seigneurs que sa fille n'est pas morte... Ainsi ces dix-neuf années de silence et de résignation se changent soudain en fièvre implacable. Excès dans l'abandon, excès dans l'espérance... En ce moment suprême, où nous pensons avec la mère avertie et confiante que cette histoire va finir, une fête est annoncée au Palais-Royal, une fête où la frénésie accomplira son chef-d'œuvre, une orgie à laquelle on ne saurait rien comparer, même dans les fêtes que donnait Balzac. Cette fois, le Palais-Royal est en feu. Nous assistons à un gala qui doit ébranler ces voûtes superbes. C'est M. Law qui fait la dépense, et c'est M. le régent qui fait les invitations. Ces invitations font prime; elles valent cent écus dans la rue Quincampoix, cinq cents livres à l'hôtel de Nevers. Mais aussi quels préparatifs immenses, quelles splendeurs, que de chevaliers d'industrie et que d'illustres coquins dans ces jardins, dans ces salons, où le cardinal de Richelieu avait laissé sa terrible empreinte! Toute la régence est ici déchaînée; on n'entend que le bruit de l'or, le craquement des souliers neufs, le froufrou des robes de soie et le froissement des papiers plus précieux que l'or. Le vin à plein verre et le jeu à pleines mains. Au milieu de ce *delirium tremens* d'une foule enivrée de luxe et de vice, vous voyez passer un fantôme à demi sérieux, souriant à demi, M. le régent!

A chaque instant, dans ces jardins éclairés de cent mille clartés, dans ce palais où tout chante, où tout s'enivre, à travers ces filles masquées et démasquées, l'excès marche, et c'est à peine si nous nous étonnons de rencontrer dans cette foule, où Cocardasse et Passepoil lui servent de garde *d'honneur*, Mlle de Nevers, la jeune Blanche. Elle est venue en ce lieu de perdition pour y retrouver le beau Lagardère; elle l'aime, et justement elle attend que la grande orgie ait rempli le Palais-Royal chancelant sous la triple ivresse de l'or, du vin et des courtisanes, pour dire à Lagardère : « Je t'aime, oh! je t'aime! » Ils prenaient bien leur temps, eût dit le fabuliste, entourés qu'ils étaient, Blanche et Lagardère, de toutes sortes de périls; des assassins par-ci, des assassins par-là, des épées en veux-tu? des poignards en voilà! Mais Lagardère est si content d'avoir entendu cette aimable déclaration de la jeune Blanche de Nevers qu'il en oublie et sa prudence et son épée : aussi quoi d'étonnant que Gonzague ait frappé le désarmé Lagardère, et quoi d'étonnant que Lagardère ait enfin succombé sous les coups de Gonzague? Il tombe, on l'emporte, et pensez si le lendemain de ce grand jour l'hôtel de Gonzague est en fête! On attendait justement l'*émission des petites-filles* (c'est ainsi qu'on appelait les nouvelles actions de la banque du Mississipi), et déjà *les petites-filles* montaient, montaient, que c'était une bénédiction! L'instant d'après, une fausse nouvelle, habilement jetée, amenait une débâcle, et les amis de Gonzague étaient dans la joie. Après avoir profité de la hausse, ils profitaient de la baisse; ils se gorgeaient de toutes ces dépouilles. Voilà pour la journée. Aussitôt que la nuit aura chassé les joueurs ruinés et déshonorés, Gonzague allumera dans sa petite maison une douce lueur, comme il en faut aux belles personnes un peu fatiguées.

Voici donc, en moins de vingt-quatre heures, une double orgie, un double souper, un double feu, et, cette fois encore, ils ont invité ce bossu, qui les trouble et leur fait peur. Mais le bossu plaît à Gonzague; il lui trouve un petit air de chenapan tout à fait à sa guise. Enfin Gonzague a jeté ses plombs sur le bossu pour remplacer le Peyrolles, qui se fait vieux et traître. O misère! Il a juré, ce Gonzague, qu'il forcerait, ce soir même,

Blanche de Nevers, la fille de l'homme assassiné, d'épouser le bossu ou le marquis de Chaverny. Le mariage en ce moment dépend, le croiriez-vous? d'une partie engagée entre Chaverny et le bossu, à qui *ingurgitera* (c'est un mot que j'emprunte à Rothomago père) une plus grande quantité de vin de Champagne. Hommes et princes, ils en sont là : A boire! à boire! et les paris sont ouverts.

Bientôt Chaverny glisse sous la table. Le bossu triomphant lève le verre qu'on venait d'emplir pour le vaincu et l'avale, debout sur la nappe.

Après cette illustre victoire, il n'y eut plus de louanges et d'admiration que pour le bossu.

« C'est bien, lui dit Gonzague, et maintenant je te marie. »

En même temps on vit entrer, dans cette salle où le vice et le vin s'entre-choquaient horriblement, la chaste Blanche de Nevers et le bossu, lui parlant à voix basse; on put voir, après un grand débat, la belle main de la jeune fille accepter la main du bossu. Les paris étaient encore ouverts entre les spectateurs de cette étrange scène, et le bossu, tenant la main de Blanche, en présence d'un notaire appelé pour dresser le contrat de cette heureuse union, écrivit lui-même au-dessus de tous ces noms qui lui servaient de témoignage le nom de Lagardère.

Toutefois les voilà bel et bien mariés, Lagardère et Mlle de Nevers. — Certes, dites-vous, ce mariage est excessif. Je suis de votre avis, mais il fallait une récompense à ces dix-neuf ans de dévouement paternel, de toutes les heures et de tous les jours; il fallait bien que Lagardère eût son digne loyer de tant de dangers, de tant d'aventures, de guets-apens, d'assassinats, auxquels il échappe emportant l'enfant du feu duc de Nevers. Ceux-là cependant ne savent pas jusqu'où va l'excès qui s'imaginent que le drame est achevé par ce mariage entre Lagardère et la jeune fille qu'il a sauvée. Au contraire, ici tout recommence; ici nous voyons intervenir M. le régent, le grand Châtelet, la chambre ardente. En ce moment Lagardère, abandonné de tout le monde, à qui seule Blanche est fidèle, est condamné à l'amende honorable, au poing coupé, à la tête tranchée, à la dégradation de sa douteuse noblesse. En ce moment Gonzague est le maître, il triomphe, et Lagardère va mourir, mais non pas sans avoir obtenu de Blanche et de sa mère, la princesse, qu'elle viendrait, en habit de mariée, assister à son supplice. Excès d'amour. Heureusement nous arrivons à la vengeance, au châtiment, au Gonzague enfin, déferré de ses spadassins, de ses flatteurs et de l'amitié du régent. Cette fois le Gonzague est démasqué par lui-même. Il est tombé dans un piége innocent que lui tendait Lagardère, un vrai piége à la Pixérécourt. Allons, encore une fois les épées ! et ceux-là qui aiment les grands coups d'épée, si chers à Mme de Sévigné dans les romans de Mlle de Scudéry, ceux-là, nous l'espérons, seront contents :

> Lagardère, l'épée à la main, transfiguré tout à coup, sa haute taille se développant dans toute sa richesse, fit reculer Gonzague jusqu'à la porte de la chapelle ; puis son épée flamboya en décrivant ce cercle rapide que donne la riposte de prime.
>
> « La botte de Nevers ! » firent ensemble les deux maîtres d'armes.
>
> Gonzague s'en va rouler mort aux pieds de la statue de Philippe de Lorraine, avec un trou sanglant au milieu du front.

Et que ceci vous apprenne, ô seigneurs ! à ne pas jeter vos bonnets par-dessus les moulins !

Et maintenant que le roman est bien lu, que le drame est bien raconté, si vous demandez quelle est mon opinion sur le talent de M. Paul Féval, sur le mérite et l'habileté de cet infatigable inventeur des plus longues et des plus intéressantes histoires qui nous aient tenus attentifs depuis *les Trois Mousquetaires* et *les Mystères de Paris*, je vous répondrai franchement que je reste, au bout du compte et de ces romans interminables, un sincère admirateur de l'esprit qui les enfanta. Ce qu'il faut apprendre et savoir pour composer ces épopées bourgeoises, ce qu'il faut trouver dans l'histoire ancienne, dans les villes d'autrefois, dans les mœurs du temps passé, pour mettre en ordre un pareil entassement d'hommes et de choses, de détails et d'aventures, vous m'en voyez tout stupéfait. Ce Paul Féval est un maître enchanteur. Que d'esprit! que d'imagination! quel souvenir toujours présent! quelle habitude à ne rien négliger en tous ces drames qui se croisent et s'entrecroisent l'un dans l'autre avec une habileté merveilleuse! En même temps, quel dialogue à l'infini! quelles descriptions exactes, nettes et vivantes! parfois aussi quelle gaieté, et souvent que de terreur! Tant de crimes, tant de vertus, poussés à leur extrême puissance! Un développement incroyable de muscles, d'outils et d'engins de toute espèce! Ah! certes, ce n'est pas un talent vulgaire, un art facile, un hasard heureux : c'est une œuvre à laquelle, hélas! rien ne manque, sinon la vraisemblance et la vérité. Encore est-ce plus souvent vrai que vraisemblable, et ce malheureux défaut d'aller au delà du but, d'être en avance avec tous les sentiments, toutes les pitiés, toutes les terreurs, ne saurait nous rendre injustes.

Mélingue, issu des *Trois Mousquetaires*, ce

coq plumet de Mélingue, habile à l'épée, heureux à toutes les batailles, et qui ne sait pas d'obstacles, a jeté vaillamment son mouvement, sa vie et son bruit, toutes ses gaietés et tout son rire dans le nouveau drame de la Porte-Saint-Martin. Le voilà bien ! c'est lui ! Mélingue *bras-de-fer* et *coup-d'épée !* l'Achille et l'Ajax du guet-apens ! Mélingue est seul, à cette heure, pour accomplir dignement ces œuvres gigantesques :

> Il est du sang d'Athos, mais il en est le reste ;

et, géant, il a l'orgueil des géants. Seul, il remplit le drame ; il se passe à la fois de comédiennes et de comédiens. Pas d'entourage.

« Moi seul, dit-il, c'est beaucoup trop. »

LES INTERPRÈTES
DE L'ART NOUVEAU

Mme DORVAL
FRÉDÉRICK-LEMAITRE

Comment a commencé Mme Dorval? Elle a commencé comme on commence, au pied levé, par hasard; elle a fini comme ont fini ceux qui, de bonne heure, ont dit le dernier mot de leur génie : elle a fini par hasard! Elle est l'enfant d'une heure capricieuse, et plus féconde en bruits, en cris, en sanglots, en éclairs qu'en lumière, en durable splendeur! Elle a été le résultat d'une enfance pauvre et d'une jeunesse vagabonde; à peine elle a joui de son âge mûr triomphant, et puis tout d'un coup, au penchant de l'abîme, elle est tombée, et la mort l'a prise! Eh! trop heureuse êtes-vous, ma pauvre et vaillante Dorval, de n'avoir pas assisté au déclin de vos rêves et d'être partie en pleine espérance, au moment où la poésie est chancelante, où le jeu des passions est dépassé par l'aventure de chaque jour, où le dieu des divines et éclatantes images poétiques se voile la face, afin de ne pas voir tant de fantômes funestes, sortis des immenses vapeurs de l'ambition et de la perversité des ambitieux de bas étage !

Tu es morte, ô vaillante Sempronia ! Gloire à toi ! Tu ne verras pas le savetier Centenius précédé de la hache et des faisceaux du licteur consulaire ! Tu es morte au milieu des révoltes et des bruits de la foule triomphante, et tu n'assisteras pas au silence de la patrie en deuil ! O toi, notre camarade ! ô toi, notre interprète, ingénieuse et palpitante Dorval, qui savais porter tous les manteaux, qui savais parler tous les langages, la douleur même et l'amour en personne ! ô toi, l'improvisation inépuisable et jeune ! Elle avait la tête d'une femme et le cœur d'un héros ! Quelle vie et quel labeur ! Que de batailles elle a livrées en faveur du grand *covenant* littéraire ! On ne les compte pas, ces batailles qui tenaient le monde attentif, la poésie en suspens, la gloire française restant incertaine entre le passé et l'avenir !

Gloire à cette femme illustre ! et gloire et félicité ! Surtout gardons-nous de la plaindre ; elle est morte au bon moment, à l'heure où se taisaient les poëtes, à l'heure où le grand poëte Victor Hugo partait pour son exil éternel. Elle avait tant vécu! tant aimé! tant souffert! Jeune fille, elle s'était essayée aux déclamations niaises de Pelletier et de Volmerange, deux dramaturges de la même force. Elle jouait *Paméla* en 1818. *Paméla!* Elle était Mathilde au moment où M. Stocklet était Malek-Adel. Elle chantait des chansons de guerre et d'amour dans *les Pandours* de Gentil et de Désaugiers. Avant d'arriver à Marion Delorme, avant de représenter Adèle d'Hervey, dans *Antony,* elle avait représenté Mlle Amélie au seuil ronflant de *la Cabane de Moulinard*, une machine épique du fameux Victor Ducange. Elle a joué, en s'en moquant avec des rires, le rôle de Charlotte dans la parodie abominable de *Werther*. Potier était son Werther, et Dieu sait si elle était contente alors, et si elle s'imaginait qu'elle aurait nom, plus tard, la Thisbé ou Kitty-Bell! Elle était pauvre; elle fut obstinément forcée au travail. Ainsi, pourvu qu'elle gagnât son pain noir de chaque jour, elle était contente.

Elle se croyait laide et sans talent. Qui lui eût dit: *Je t'aime!* en ce temps-là, l'eût bien étonnée, en dépit de ses vingt ans. Elle était sans nom;

sans fortune et sans orgueil. Les grands faiseurs de vaudevilles et de mélodrames l'acceptaient comme un pis-aller; les directeurs de théâtre en faisaient à peine une figurante; on n'en voulait pas, on ne la regardait pas, on ne l'écoutait pas, et les *titis* du boulevard, race abjecte et maudite, entre la police correctionnelle et la cour d'assises, jetaient à cette infortunée un tas d'immondices et jusqu'aux trognons des pommes qu'ils avaient dévorées de leurs dents pourries!

Mais quoi! il fallait vivre, et, pour vivre, elle jouait, sans un regret, sans un remords, sans se douter des erreurs de sa vocation, tantôt *le Banc de sable,* un mélodrame de M. Merle, et tantôt *le Vampire,* un des cauchemars de Charles Nodier lui-même. Aujourd'hui elle était Élodie, et le lendemain Malvina. Le peuple, hébété comme la comédienne, assistait stupide à ces fêtes ridicules; on l'écoutait sans l'entendre, on la regardait sans la voir. Le premier cri qu'elle a poussé, ce fut un soir d'été, dans une salle vide : on jouait *le Lépreux de la vallée d'Aoste;* mais ce grand cri, poussé dans le désert, ne trouva pas même un écho pour le redire.

Enfin, le 2 octobre 1822, un théâtre du boulevard avait fermé ses portes pour la *répétition générale* d'un mélodrame intitulé *les Deux For-*

çats. L'œuvre était si niaise, et la petite Dorval disait si mal un rôle idiot, que le théâtre abandonnait déjà cette humble nouveauté et pensait à jouer autre chose. « Au fait, disait-on, la pièce *ira* bien huit jours (c'est l'argot du théâtre), et dans huit jours nous mettrons à la porte cette mauricaude! »

Le lendemain (telle est la vanité de ces jugements précoces, de ces sages prévisions et des habiletés de la coulisse), aux premiers mots que disait la petite Dorval, soudain le public, frappé d'étonnement, frémit, écoute et se passionne. Il admire! il applaudit! il crie! Il venait, tout simplement, d'enfanter la véritable comédienne, et la seule qui pût mettre au jour les drames à venir. Désormais Mme Dorval existait; désormais M. Hugo, M. Alexandre Dumas et tous les autres pouvaient venir.

Quelle joie et quelle émeute à la suivre! Elle était toute une révolution, surtout quand cette révolution dans l'art dramatique s'agrandit et se compléta par le génie et les efforts d'un nouveau venu (on ne sait d'où il venait) qui bientôt s'appellera Frédérick-Lemaître. Amis! amis! vous vous rappelez ces merveilleux commencements d'une émotion dramatique dont la France se doutait à peine? En ce temps-là, nous n'avions pas dix-huit ans, et déjà le pressentiment des poésies nouvelles s'emparait de nos têtes bouclées. Le mélodrame, alors, régnait en maître et remplissait les théâtres subalternes ; je dis le plus vulgaire et le plus niais mélodrame, en patois du faubourg du Temple, pendant que la tragédie était souveraine légitime au Théâtre-Français.

Or, entre ces deux déclamations si différentes, rien ne paraissait possible, et pas un prévoyant n'eût pensé qu'un mortel, quel qu'il fût, se rencontrerait, assez bête ou même assez hardi, pour échapper à l'école de M. Talma ou à l'école de MM. Stocklet et Tautain. Ce fut donc une surprise étrange, une joie inattendue et le triomphe éclatant de la plus véhémente inspiration, lorsqu'un beau soir, tout d'un coup, deux comédiens inconnus se mirent, en plein mélodrame, à parler la belle langue universelle avec l'accent de tout le monde, à réciter cette prose ampoulée et redondante d'une façon simple et naturelle, à changer ce même drame, où l'on hurlait toujours, en simple comédie, en simple causerie.

Ainsi, à eux deux, ces deux comédiens bien inspirés firent une révolution complète dans l'art dramatique. Et aussitôt les spectateurs, habitués à tous les glapissements du mélodrame, à tout ce fracas des voix et des paroles, de s'entre-regarder

avec étonnement, émus et charmés par tant de
simplicité et tant de grâce. Ajoutez que Frédérick-Lemaître était un beau jeune homme, bien
taillé pour son art, vif, hardi, emporté, violent,
superbe; ajoutez que Mme Dorval avait, dans sa
personne un peu voûtée, de quoi justifier les
plus vives sympathies. Elle était frêle, éplorée,
humble et tremblante; elle pleurait à merveille;
elle excellait à contenir les passions de son cœur;
elle disait : *Tout beau, mon cœur!* Rien qu'à les
voir unis dans la même action dramatique, ces
deux enfants trouvés d'un art qui va vieillissant
sans cesse et se transformant toujours, on devinait
qu'ils étaient faits, celui-ci pour exprimer tous les
emportements de l'âme humaine, et celle-là pour
en dire les douces joies intimes et bienveillantes.

Certes, l'un et l'autre, ils faisaient un couple
hardi, ingénieux et tout-puissant de comédiens : le
premier, prêt à tout briser et magnifique en ses
blasphèmes, en ses violences; la seconde, affable,
humble, hardie, ingénieuse et doucement éplorée. Il avait la force, elle avait la grâce; il avait la
violence, elle avait le charme; il tenait du matamore et de la comédie ancienne, elle tenait de
l'élégie et du bon père La Chaussée! Elle était
aimable, il était terrible; elle pleurait si bien, il
tuait les gens d'un geste, à la Shakespeare, quand

Shakespeare immolait un bœuf chez son père le boucher. Les deux beaux et poétiques comédiens ! La foule, en même temps, les avait hués, conspués, reniés ; la foule, et le même jour, les avait adoptés comme les vrais représentants de sa pitié, de ses passions.

Qui pourrait dire en même temps à quel point Frédérick-Lemaître et sa camarade Mme Dorval étaient des comédiens populaires ? Que de pensées terribles il soulevait dans l'auditoire autour de ses vengeances ! que de larmes elle faisait répandre à propos de ses douleurs ! Comme il savait la tenir haletante et ployée humblement sous le feu sombre de son regard et sous son geste ! Elle, cependant, comme elle savait l'arrêter dans ses violences, d'un mot, d'un geste ou d'un sourire plein de larmes ! Ils étaient admirables tous les deux ; ils étaient complets ; ils se faisaient valoir l'un par l'autre. Or nous avons vu plus d'une fois Talma et Mlle Mars jouer leur rôle dans le même drame : eh bien ! entre Talma et Mlle Mars, ce n'était pas le même ensemble ; ils étaient loin de s'entendre et de se prêter un mutuel appui, comme Frédérick-Lemaître et Mme Dorval. Talma, une fois en scène, tirait à lui seul, de toute sa force, tout l'intérêt, toute l'attention du parterre, et sans se gêner pour sa camarade, et sans trop s'inquiéter de son illustre voisinage; de son côté, Mlle Mars, qui ne cédait rien à personne, au voisinage, au contact de ce beau Talma, redoublait de grâce et de coquetterie, afin qu'elle parût toute seule à son tour.

Dans ce duel à armes très-loyales, mais très-peu courtoises, ni Talma ni Mlle Mars n'ont jamais voulu s'avouer vaincus, lui par elle, elle par lui. Tout au rebours, nos deux admirables bohémiens de l'heure présente, une fois lâchés dans le drame, ils s'en emparaient de toutes leurs forces, par tous les excès de l'âme, de l'esprit et des sens. Ceci fait, peu importe à Mme Dorval que ce soit Frédérick-Lemaître qu'on applaudisse, et rien n'importe à Frédérick-Lemaître que ce soit Mme Dorval : il ne s'agit pas d'être applaudis chacun de son côté, il s'agit de produire ensemble et tout à la fois l'effet attendu; il s'agit de donner la vie à tout un drame; il s'agit de réaliser toutes les passions et tous les rêves du parterre attentif; il s'agit, parbleu! que tout à l'heure quelque chose était là inerte, immobile et muet, — un mélodrame, — et qu'à nous deux nous allons dire à ce cadavre étendu là : « Lève-toi et marche! » Et, ceci fait, vous nous applaudirez si vous voulez.

De cette réunion de deux talents si divers, et qui se complétaient si bien l'un par l'autre, il devait résulter des drames si vivement représentés, avec tant de verve et tant d'éclat, que le souvenir en est impérissable à ce point que l'on se souvient, chose incroyable! de la comédienne et du comédien, trente ans après que le drame oublié s'est enfoui dans les catacombes.

La Fiancée de Lammermoor, par exemple, où trouver une pièce plus oubliée et des comédiens dont on se souvienne davantage? Ils eurent donc le plus grand tort, elle et lui, de se séparer, et d'aller, chacun de son côté, dans une voie à part. Frédérick-Lemaître avait toutes les qualités qui convenaient le mieux aux défauts de Mme Dorval; pas une des inspirations de Mme Dorval qui ne tournât en grâce et en éclat... aux absurdités de son camarade. Ils étaient le commentaire obligé celle-ci de celui-là, et si puissante en résultats féconds était cette heureuse association que jamais l'art dramatique n'avait rencontré sa pareille.

C'était la même âme en deux corps : ils étaient poussés par la même idée et remplis des mêmes passions; c'était bien l'homme, et c'était la femme aussi, de tous les drames qui allaient venir. Évidemment cette jeune femme avait été créée et mise au monde uniquement pour que ce jeune homme la pût aimer, haïr, adorer, torturer, assassiner, et, morte, pour qu'il la pleurât tout à son aise, en invoquant la terre et le ciel !

Ils s'étaient produits et révélés en même temps, elle et lui, le même jour et l'un par l'autre ; en même temps ils étaient devenus populaires ; en même temps ils avaient trouvé leur tragédie et ils avaient dressé leur théâtre. Quel mauvais génie ou plutôt quel guignon les a donc séparés ? Quelle main funeste a coupé en deux ce grand comédien qu'on appelait Lemaître-Dorval ? Ce qui prouve, en effet, qu'il y avait entre ces deux intelligences tout un drame, c'est qu'en se divisant chacune de son côté a gardé une grande valeur. Jugez donc, quand ces deux forces étaient réunies, quelle force dramatique et quelle ressource incroyable pour le poëte c'était là !

Que voulez-vous ? l'orgueil, la vanité, le caprice ! Ils étaient deux comédiens, au bout du compte : ils ont voulu savoir ce qu'ils valaient positivement l'un sans l'autre ; ils se sont imaginé qu'ils seraient plus complétement en possession de la faveur publique aussitôt qu'ils iraient chacun de son côté. « Chacun pour soi », dans les arts et dans la politique, est un conseil funeste, une parole mauvaise. On n'est pas seul à réussir, surtout au théâtre ; il y faut le concours de tout le monde, et, tant pis pour qui voudra seul réussir, la tâche est horrible, abominable. Elle a poussé Mme Dorval à jouer la *Phèdre* de Pradon ; elle a porté Frédérick-Lemaître dans les sentiers fangeux de *Robert Macaire*, et, l'imprudent ! il devait pousser si loin l'enthousiasme et l'adoration pour ce héros fangeux qu'il a fini par lui sacrifier sa renommée passée, sa gloire présente et son théâtre à venir.

Pour se prosterner plus à son aise aux pieds de son idole, Frédérick-Lemaître transporta *Robert Macaire* dans un petit théâtre des boulevards, et là il s'écria, devant la foule assemblée, qu'il n'y avait plus ni drame, ni mélodrame, ni tragédie, ni comédie en ce monde : il n'y avait plus que *Robert Macaire!* Il oublia qu'il avait créé *Richard d'Arlington*, et il soutint que *Robert Macaire* remplaçait toutes choses : l'esprit, les larmes, la gaieté, le génie, en un mot, tout ce qui faisait la force et l'intérêt de l'action dramatique. Encore tout chauffé à la forge ardente de la grande poésie, il soutint au public de Paris, accouru dans son antre au spectacle de son abjection, que *Robert Macaire* était tout le théâtre moderne. Il abandonnait pour *Robert-Macaire-Richard d'Arlington*, le *Joueur*, le *Sire de Ravenswood*, *Lucrèce Borgia*.

Les manteaux dans lesquels il s'était drapé, il les vendait à la friperie, afin d'ajouter, s'il était possible, un trou, une tache, une immondice, aux habits de son féal et déguenillé Macaire. Ainsi cria Frédérick-Lemaître du haut de son petit théâtre; il parodia toutes choses, il se parodiait lui-même en personne, et le public battait des mains à l'esprit de cet homme qui reniait ainsi sa gloire passée. Il a pourtant duré dix-huit mois, ce stupide enthousiasme, et c'est beaucoup, même pour un enthousiasme idiot qui s'adresse à des ruines. Après quoi, quand Frédérick-Lemaître eut bien prouvé qu'il n'y avait plus d'autre héros que *Robert Macaire,* et quand M. Barba, le libraire, eut imprimé son drame à sa barbe et malgré lui, le public, qui prend toujours au sérieux l'art et les artistes, se trouva rassasié de cette parodie, et retourna aux comédiens qui avaient foi en leur art.

Voilà comment cette excellente plaisanterie de Frédérick contre lui-même et sa révolte contre le drame, qui l'avait fait ce qu'il était, devait retomber sur sa tête coupable et finir par un complet écrasement. De *Robert Macaire,* en dépit des plus grands efforts, Frédérick-Lemaître ne s'est jamais relevé complétement : à cette heure encore, il est opprimé par ce bandit; il le voit en songe, il entend ses ricanements funestes, il assiste à ses différents supplices, il le voit au bagne, il l'accompagne à l'échafaud. C'est un cauchemar!

En vain les poëtes qui ont besoin de comédien pour leurs créations nouvelles lui viennent annoncer parfois que définitivement Robert Macaire est mort, qu'il est enterré, et qu'on ne verra plus même son ombre... hélas! non, Robert Macaire n'est pas mort : le bagne, la guillotine, la prison, la cour d'assises et les gendarmes n'y peuvent rien; Macaire est immortel comme Gil Blas ou Sancho; Macaire est un type comme Falstaff, Polichinelle, Arlequin.

Si pourtant vous trouvez que nous sommes de grands misérables d'avoir été chercher notre héros modèle au fond des bagnes, parmi les assassins et les voleurs, prenez-vous-en aux grâces séduisantes de Macaire. Macaire, c'est l'idéal du voleur civilisé, c'est l'escroc de la belle compagnie; il en a gardé l'odeur, le langage et les belles manières, en dépit de tous ses malheurs. Comme toutes les créations complètes dans le domaine de la philosophie ou de la charge, Macaire est double; il a son reflet, il a son ombre, il a son écho : son reflet qui le précède, son ombre qui le suit, son écho qui le répète. Bertrand est le double de Macaire, comme Sancho est le double de don Quichotte, comme Sganarelle est le double de don Juan, comme Laurent est le double de Tartuffe. Bertrand, c'est le voleur de la canaille d'en bas; Macaire est le voleur de la canaille d'en haut. Macaire est philosophe et ne doute de rien, Bertrand est superstitieux et doute de tout ; Macaire est matérialiste, et Bertrand croit aux revenants. Le supplice de Macaire, c'est de porter des haillons ; le supplice de Bertrand, c'est de porter des menottes.

Or ne pensez pas que mon parallèle ait une fin ; il ira, si je veux, aussi loin qu'un parallèle de Plutarque, et ce n'est pas, Dieu merci ! le souffle qui me manque, et la parole, et la comparaison. Macaire et Bertrand... les voilà : Macaire est vaniteux, Bertrand est sensuel ; Macaire serait volontiers le domestique de tout le monde, Bertrand ne sera jamais le domestique de personne, excepté celui de Macaire. L'un et l'autre ils ont été perdus par leur éducation : Macaire avait trop d'éducation, et Bertrand en avait trop peu ; Macaire a su quelque peu de latin, Bertrand ne connaît que deux lettres sur les vingt-quatre lettres de l'alphabet, T. F. ; et voilà ce qui explique l'intérêt que nous avons porté, pendant vingt belles années, à ces deux hommes, si loin de nos mœurs apparentes et de nos habitudes de chaque jour. A eux deux, Robert Macaire et Bertrand, son camarade, représentaient une armée ; ils étaient complets l'un par l'autre : ils étaient nés le même jour, ils avaient été marqués et remarqués le même jour. Ils ont été les premiers brigands qui nous ont fait rire des deux seuls épouvantements qui eussent échappé à notre bonne humeur : le bagne et l'échafaud.

Aussi, quand Frédérick-Lemaître eut annoncé dans un méchant théâtre des boulevards *la Suite de la vie de Robert Macaire*, ce fut une joie universelle. On allait donc le revoir tout à son aise, ce charmant héros, cet aimable bandit, cet homme qui était l'esprit du bagne et le sang-froid de la guillotine! on allait donc assister de nouveau aux développements infinis de ce paradoxe inépuisable! on allait donc le voir enfin dans la belle société parisienne, et nageant en pleine eau, ce Macaire qui avait dépensé tant de génie et tant d'audace pour obtenir un mauvais déjeuner sur une table de l'auberge des Adrets! Aussi bien l'on est accouru de toutes parts pour le revoir; et vraiment, le revoilà tour à tour homme d'affaires, homme d'argent, homme politique, homme à bonnes fortunes, et bientôt courbant la tête sous le joug salutaire du mariage, et toujours se riant de toutes choses et de lui-même; puis, quand il est à bout de crimes, il se jette entre les mains des gendarmes, sa dernière ressource et sa dernière espérance. On sait l'effet de cette seconde apparition de *Robert Macaire*; elle a tenu tout Paris attentif pendant trois ans.

Et le monde a ri comme un fou de ces chaînes, de ces carcans, de ces bagnes, de ces échafauds, de ces lois insultées, de ce mépris public pour l'ordre, l'autorité, la puissance paternelle et l'autorité royale. Cela nous a tant amusés de tourner en dérision l'histoire, la croyance et les plus saintes lois, les vieux rois et les vieilles mœurs! A l'aide! à l'aide! au secours! disions-nous; réveillez-vous! Le drame a relevé sa manche et jusqu'au coude; il a trempé son bras dans le sang.

Bonnes gens, Dieu vous protége contre Robert Macaire, l'assassin civilisé, l'assassin qui sait lire et écrire, l'assassin aux belles manières, l'assassin qui a porté du velours et des manchettes, l'assassin jovial, homme d'esprit et de mœurs polies! Au secours! voici qu'on arrache enfin le crime au bagne, à l'échafaud, aux cachots obscurs, pour lui faire jouer un rôle brillant dans le monde en plein jour!

Prenez garde à Robert Macaire! Il est l'élu de la foule; on l'aime, on l'admire, on l'applaudit, on le tutoie, on lui prêterait un couteau. Ses guenilles mêmes sont plus populaires que le vieil uniforme impérial, noble et glorieux haillon que nous avons tant aimé, tant chanté! Prenez garde! Il est le héros de la populace et le dieu de la police; il flatte incessamment tous les bas instincts de la foule; il divinise ce qu'elle divinise, il condamne ce qu'elle condamne; il l'habitue au meurtre comme à une action ordinaire de la vie; il fait de l'assassinat une affaire de commerce. Prenez garde à Robert Macaire, à Bertrand son camarade! Étrange et horrible alliance! abominable société en commandite!

Dans ce personnage double, et dont chaque partie est inséparable de l'autre partie, Robert Macaire est la tête, Bertrand est le bras; Macaire c'est le conseil, Bertrand c'est l'action; Macaire parle, et Bertrand agit. Les terribles associés que c'étaient là! Rieurs et sanglants à la fois, voleurs de grands chemins et faiseurs de gais refrains, portant leurs guenilles avec autant d'aisance et de grâce que s'ils eussent été habillés à crédit par quelque tailleur du boulevard de Gand; dandys dans la forme, assassins dans le fond; braves comme on est brave au bagne, éloquents comme des avocats de cour d'assises, actifs, paresseux, flâneurs, bons fils, fidèles à leur *parole d'honneur.*

Ils ont enivré cette foule de leurs faits et gestes. La foule, pendant trois ans, n'a pu se lasser de les voir, de les admirer, de les applaudir. Ils étaient au bagne, et la foule au bagne les a cherchés; ils marchaient à l'échafaud, la foule à l'échafaud les arrachait; ils assassinaient un homme autrefois, *ce bon monsieur Germeuil, qui avait des bas gris,* la foule a voulu leur faire assassiner dix hommes; ils mouraient dans *l'Auberge des Adrets,* la foule (et tel est son bon plaisir) les a fait revivre, et plus honorés, plus fêtés et plus applaudis que jamais. Et voilà comme, après *l'Auberge des Adrets,* est venu *Macaire.*

Cependant, à chaque nouveau cri d'alarme que nous poussions, vous vous retourniez vers nous, les critiques, en nous disant : *Où est le mal ?*

Le mal, le voici : le Robert Macaire a porté des fruits dignes de lui; il a pullulé comme ces animaux immondes dont on ne peut dire l'origine ; le crime s'est fait élégant, il a pris de belles manières, il a mis une cravate de soie, il a mis des gants, il a porté un habit neuf. Autrefois, avant Robert Macaire, le vice était d'ordinaire tout souillé et tout fangeux, il faisait peur, rien qu'à le voir; aujourd'hui Robert Macaire est habillé comme les plus élégants; il prend un bain toutes les fois qu'il a une tache de sang sur ses habits ou sur sa personne, et *il va souvent aux bains,* comme il le dit lui-même. Autrefois le crime se cachait dans son repaire, il vivait avec le crime en attendant le dernier supplice; aujourd'hui le meurtre va dîner à vos côtés, à la même table que vous ! Après avoir mangé peut-être sur son assiette, vous irez (quelle horreur!) vous asseoir sur le même banc, au même spectacle, et rire du même rire, et vous applaudirez de vos mains nettes ce qu'il applaudit de ses mains sanglantes!

Croyez-moi, il ne faut pas jouer avec le théâtre des peuples, non plus qu'avec leurs lois. En bonne morale publique, le théâtre est bien plus que la loi. La loi ne s'impose qu'à la raison des hommes. « La loi, disait Platon, est un conseil plein de menaces. » Le théâtre parle à toutes les passions des hommes en les flattant.

TABLE

DU

TOME TROISIÈME DE LA CRITIQUE DRAMATIQUE

                                                                     Pages

Le Drame moderne.   1
La Naissance du drame en France. — Influence de Shakespeare.   15
Casimir Delavigne. — *Marino Faliero.*   53
Alexandre Dumas. — *Henri III.*   62
Victor Hugo. — *Marion Delorme.*   82
Alexandre Dumas. — *Antony.*   101
Victor Hugo. — *Lucrèce Borgia.*   114
Félix Pyat et A. Luchet. — *Ango.*   127
La Cure et l'Archevêché.   148
Alfred de Vigny. — *Chatterton.*   158
A. Bourgeois et Lockroy. — *Perrinet Leclerc.* .   176
Léon Gozlan. — *La Main droite et la Main gauche.*   191

	Pages
Frédéric Soulié. — *La Closerie des Genêts*. . . .	208
Jules Lacroix et Maquet. — *Valéria*.	226
George Sand. — *Mauprat*.	247
L. Bouilhet. — *Madame de Montarcy*.	262
Paul Féval. — *Le Bossu*.	281
Les Interprètes de l'Art nouveau. — Mme Dorval, Frédérick-Lemaître.	297

A PARIS

DES PRESSES DE D. JOUAUST

Imprimeur breveté

RUE SAINT-HONORÉ, 338

ŒUVRES DIVERSES DE JULES JANIN

Nous ne publions ni les œuvres complètes de Jules Janin, ni des œuvres *choisies*, dans le sens qu'on attribue généralement à ce mot, qui indique le plus souvent un choix fait sans le concours de l'auteur, mais celles de ses œuvres pour lesquelles il a ait le plus marqué sa prédilection. Notre collection est l'accomplissement d'un projet formé du vivant de Jules Janin, et l'exécution d'une de ses dernières volontés.

Les *Œuvres diverses de Jules Janin* se composent de 12 volumes, savoir :

L'ÂNE MORT, précédé de *l'Autobiographie de l'auteur*.	1 vol.
MÉLANGES ET VARIÉTÉS LITTÉRAIRES.	2 vol.
CONTES ET NOUVELLES.	2 vol.
CRITIQUE DRAMATIQUE.	4 vol.
CORRESPONDANCE.	1 vol.
BARNAVE.	2 vol.
	12 vol.

Outre le tirage ordinaire, il est fait un TIRAGE D'AMATEURS, ainsi composé :

300 exemplaires	sur papier de Hollande à.	7 50
25	— sur papier Whatman à.	12 »
25	— sur papier de Chine à.	15 »

350 exemplaires, numérotés.

Chaque volume est orné d'une GRAVURE A L'EAU-FORTE PAR ED. HÉDOUIN, *réservée spécialement pour ce tirage.*

Mai 1877.

www.ingramcontent.com/pod-product-compliance
Lightning Source LLC
Chambersburg PA
CBHW060648170426
43199CB00012B/1713